본다는 것

너머학교 열린교실 08

본다는 것

김남시 글 강전희 그림

너머학교

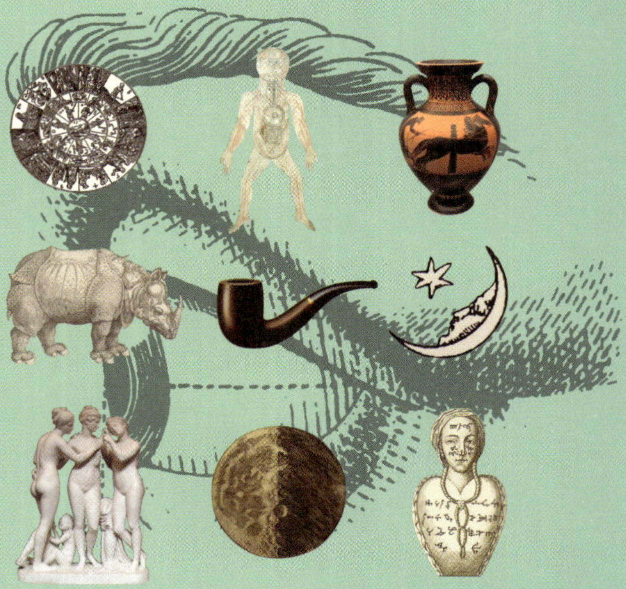

사람은 자연학적으로는 단 한 번 태어나고 죽지만 인문학적으로는 여러 번 태어나고 죽습니다. 세포의 배열을 바꾸지도 않은 채 우리의 앎과 믿음, 감각이 완전 다른 것으로 변할 수 있습니다. 이것은 그리 신비한 이야기가 아닙니다. 이제까지 나를 완전히 사로잡던 일도 갑자기 시시해질 수 있고, 어제까지 아무렇지도 않게 산 세상이 오늘은 숨을 조이는 듯 답답하게 느껴질 때가 있습니다. 내가 다른 사람이 된 것이지요.

어느 철학자의 말처럼 꿀벌은 밀랍으로 자기 세계를 짓지만, 인간은 말로써, 개념들로써 자기 삶을 만들고 세계를 짓습니다. 우리가 가진 말들, 우리가 가진 개념들이 우리의 삶이고 우리의 세계입니다. 또 그것이 우리 삶과 세계의 한계이지요. 따라서 삶을 바꾸고 세계를 바꾸는 일은 항상 우리 말과 개념을 바꾸는 일에서 시작하고 또 그것으로 나타납니다. 우리의 깨우침과 우리의 배움이 거기서 시작하고 거기서 나타납니다.

아이들은 말을 배우며 삶을 배우고 세상을 배웁니다. 그들은 그렇게 말을 만들어 가며 삶을 만들어 가고 자신이 살아갈 세계를 만들어 가지요. '생각교과서—열린교실' 시리즈를 준비하며, 우리는 새로운 삶을 준비하는 모든 사람들, 아이로 돌아간 모든 사람들에게 새롭게 말을 배우자고 말하고자 합니다.

무엇보다 삶의 변성기를 경험하고 있는 십대 친구들에게 언어의 변성기 또한 경험하라고 말하고 싶습니다. 이번 시리즈를 위해 우리는 자기 삶에서 언어의 새로운 의미를 발견한 분들에게 그것을 들려 달라고 부탁했습니다. 사전에 나오지 않는 그 말뜻을 알려 달라고요. 생각한다는 것, 탐구한다는 것, 기록한다는 것, 느낀다는 것, 믿는다는 것, 본다는 것, 읽는다는 것……. 이 모든 말들의 의미를 다시 물었습니다. 그리고 서로의 말을 배워 보자고 했습니다.

'생각교과서—열린교실' 시리즈가 새로운 말, 새로운 삶이 태어나는 언어의 대장간, 삶의 대장간이 되었으면 합니다. 무엇보다 배움이 일어나는 장소, 학교 너머의 학교, 열려 있는 교실이 되었으면 합니다. 우리 모두가 아이가 되어 다시 발음하고 다시 뜻을 새겼으면 합니다. 서로에게 선생이 되고 서로에게 제자가 되어서 말이지요.

2013년 겨울 고병권

차례

무엇을 어떻게,
보고 있나요?

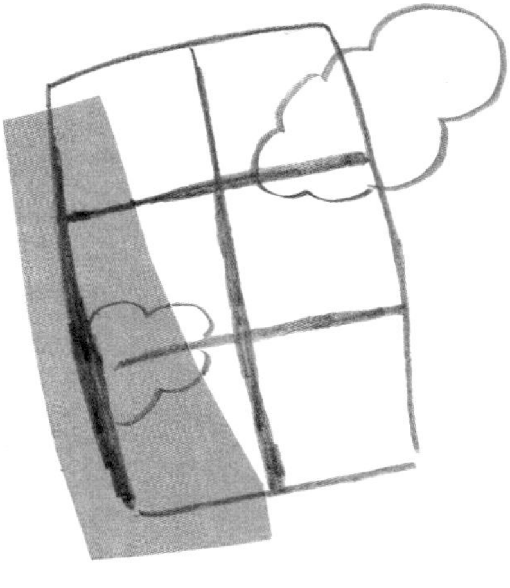

아침에 눈을 뜨면서부터 다시 눈을 감고 잠들 때까지 우리는 수많은 것을, 무척이나 다양한 방식으로 '보면서' 살아갑니다. 자리에서 눈을 떠 자명종을 보고, 혹은 천장에 매달린 전등을 보고, 세수하고 나서 거울 속의 자신을 보지요. 혹시 온 카톡이나 문자 메시지가 없는지 확인하려고 스마트폰을 보고, 학교 가는 길에 지나가는 다른 학생들을 보고, 선생님이 쓴 칠판의 글씨를 봅니다.

물론 우리는 거리에서 차들이 내는 소음을 듣기도 하고, 그 차들이 내뿜는 시커먼 매연의 냄새를 맡기도 하며, 우리의 피부로 추위나 더위를 느끼기도 하지만 하루 동안 우리가 행하는 그 모든 감각 활동을 다 합한다고 하더라도 그동안 우리가 눈으로 보는 양보다 많지는 않을 거예요.

그뿐만이 아닙니다. 본다는 것은 다른 감각에서는 그런 사례를 찾을 수 없을 만큼 그 방식이 참 다양합니다. 수업이 지루하고 재미없을 때는 우리는 교실 창문 밖의 하늘을 '바라보기'도 하고, 좋아하는 친구들과 마주앉아 수다를 떨 때에는 서로의 얼굴을 '쳐다보기'도 하고, 수업이 끝나고 집에 돌아올 때는 그동안 온 문자 메시지를 확인하려고 돌려받은 스마트폰을 '들여다보기'도 하며, 스마트폰 좀

내려놓을 수 없냐고 꾸중하시는 부모님의 뒤통수를 '째려보기'도 하지요. '먹어 보다', '만나 보다', '사귀어 보다' 등의 표현에서처럼 '보다'라는 단어는 심지어 보는 것과는 관계없는 것 같은 다른 행동들에도 결합되어 사용되기도 합니다.

이러한 사례들은, 본다는 것이 그만큼 우리가 살아가는 데 있어서 다른 어떤 감각 활동들보다 비중이 크고, 중요하며, 의미심장하다는 것을 말해 주는 것이 아닐까요?

그런데 말이죠, 이렇게 중요하고 비중 있는 본다는 활동을 자칫 오해하게 하는 설명이 널리 퍼져 있어요. 카메라의 구조를 인간의 눈과 비교하면서 렌즈는 수정체, 조리개는 홍채, 필름 면은 망막에 대응시키는 설명이에요. 인터넷을 검색해 보면 많이 찾을 수 있는 이런 설명 방식은 일차적으로는 카메라의 원리를 알려 주기 위한 것이죠.

그런데 문제는 이것이 본다는 것을 외부 사물의 상이 수정체를 통과해 망막에 맺히는 과정과 유사한 것이라고 잘못 생각하게 한다는 데 있습니다. 이런 오해는 인간의 눈이 카메라처럼 외부 대상의 이미지를 그저 충실하게 받아들이기만 하는 기관이라고 여깁니다. 렌즈로 나무를 향하면 나무의 이미지가, 사람을 향하면 사람의 이미지가 필름 면에 맺히는 카메라처럼, 우리 눈도 그렇게 외부에 있는 '나무'나 '사람'의 이미지를 망막에 받아들이는 기관이라고 생각하는 것이지요. 본다는 건 정말 이런 것일까요? 우리는 그냥 카메라처럼 세상을 보고 있는 것일까요?

이 책은 그렇지 않다는 것을 말하려고 합니다. 우리의 눈은 카메라와는 완전히 다른 방식으로 세상의 사물들과 '만나는' 살아 움직이는 기관이기 때문이에요. 세상의 사물들을 '이해하면서' 바라보는 시선의 이러한 특성이 본다는 것을 그만큼 더 흥미롭고 생생하게 만들지요. 이제부터 그를 하나하나 함께 살펴보기로 해요.

우리 눈은
카메라와 다르다

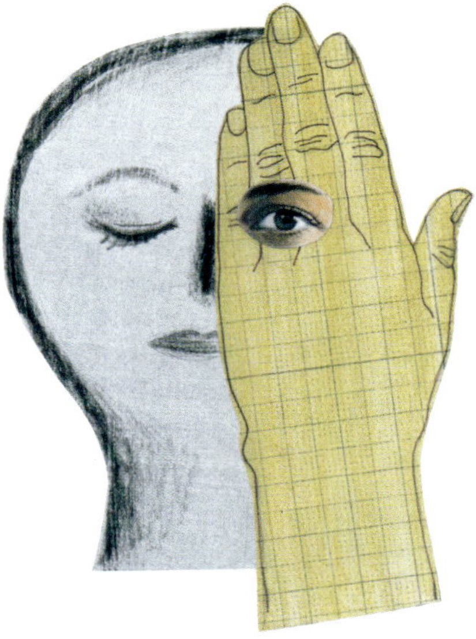

갑옷 입은 코뿔소

이런 질문에서부터 시작해 봅시다. 본다는 것은 무엇일까요? 외부의 자극이 우리 눈에 들어오는 것을 말할까요? 불을 끄고 잠자려고 하는데 누군가 방의 불을 켜면 눈에 갑작스럽게 불빛이 쏟아져 들어올 때가 있지요? 이렇게 무엇인가가 우리 눈에 들어와 눈을 자극하는 걸 '본다'라고 말할 수 있을까요? 눈이 부셔서 사실 아무것도 보지 못하고 있는데도요?

극장에서 영화가 상영되기 직전 불이 꺼지면 주위가 갑자기 어두워지지요? 그러면 눈을 뜨고 있어도 바로 옆에 앉은 친구도 잘 보이지 않게 돼요. 이때의 상태를 '본다'라고 말할 수 있을까요? 조금 더 시간이 지나서 눈이 어두움에 익숙해지기 시작하면 서서히 주변 사물들의 윤곽이 드러나기 시작하죠? 아직 그것이 '무엇'인지는 모르지만 그 어두움 속에 미묘한 차이들을 구별할 수 있게 되면서 가까이 있는 것과, 멀리 있는 것 정도를 가늠하게 되는데, 그렇다면 여기서부터 '본다'라고 말해야 할까요?

뭔가 더 혼돈스럽다고요? 그렇다면 '본다'라는 것의 단계를 한

번 구분해 봅시다. 미국의 뇌 과학자 마크 챈기지는 『자연 모방』이라는 책에서 낮은 단계의 지각과 그보다 높은 단계, 즉 의식에 의한 지각을 구분해요. 시각의 경우 낮은 단계의 지각이란 어떤 자극이 우리 눈의 시신경을 자극하고는 있지만 우리의 의식은 아직 그것이 '무엇'이라고 알지 못하는 상태를 말하죠. 다른 말로 하자면, 이때 우리의 눈과 그 눈의 움직임을 주재하는 뇌의 일부는 무엇인가를 '보고' 있지만, 우리의 의식은 아무것도 보고 있지 않는 셈이죠.

내 앞에 있는 책상을 보거나, 창문 아래로 지나가는 사람을 보는 경우는 이 낮은 단계의 지각과는 달라요. 왜냐하면 여기서 우리는 우리의 시신경을 자극하는 무엇인가가 '책상' 또는 '사람'이라는 것을 '알고' 있기 때문이에요. 낮은 단계의 시각적 지각을 위해서는, 우리 신체에 달려 있는 눈이 생물학적으로 제대로 기능하고 있는 것만으로도 충분하지만, 그 눈의 시신경을 작동하게 하는 어떤 자극이 '책상'이나 '사람'이라는 것을 알기 위해서는 그와는 다른 어떤 지적인 작용이 더 있어야 할 거예요.

그게 무엇일까요? 앎이겠지요. 책상이 무엇인지, 사람이 무엇인지에 대한 앎 말이에요. 그 앎이 우리의 눈이 어떤 자극을 받아들인다는 것과 우리가 그것을 '무엇'이라고 인지한다는 것 사이의 간극을 메워 주지요.

바로 이 점에서 우리의 눈으로 무엇인가를 본다는 것은 카메라로 무엇인가를 찍는다는 것과 전혀 달라요. 왜냐하면 카메라는 이러한 '앎'이 없이도, 다시 말해 그것이 무엇인지 알지 못해도 렌즈를 통해 들어온 외부 사물의 이미지를 그대로 포착할 수 있지만, 우리는 그것이 '무엇'인지 알지 못하고서는, 그러니까 낮은 단계의 지각 상태에서는 사실상 아무것도 '볼' 수 없을 테니까요.

본다는 것이 이처럼 '앎'을 매개로 해서 이루어진다는 사실은 보는 것을 둘러싼 다양한 사회, 문화적 현상들의 출발점이에요. 보는 것과 앎 사이의 이러한 관계를 좀 더 구체적으로 이해하기 위해, 태어나서 한 번도 비행기를 본 적 없는 원시인이 난생처음 날아가는 비행기와 맞닥뜨렸다고 한번 생각해 봅시다.

그의 눈앞에 거대한 물체가 요란한 소리를 내며 하늘을 날고 있고, 그 물체에 반사된 빛이 그의 시신경에 자극을 주고 있겠지만 그 원시인은 우리처럼 "아, 저기 비행기가 날아가네."라고 말하지는 못할 것입니다. 그럼에도 불구하고 그렇게 거대하고 큰 소리를 내는 물체를 언젠가는 분명 알아차리고 결국에는 그를 '보게' 되겠죠. 그런데, 궁금하지 않나요? 그가 도대체 '무엇'을 보게 될는지가? 이때 그가 보고 있는 것은 무엇일까요? 아니, 그 원시인은 자신이 무엇을 보았다고 말할까요?

그에게 '비행기'에 대한 앎이 없는 것은 분명하지만, 그렇다고 다른 종류의 앎이 없다고 말할 수는 없겠죠? 원시림에서의 수렵 생활에 익숙해 있는 그 원시인은, 예를 들어 날개를 달고 하늘을 날아다니며 소리를 내기도 하는 여러 종류의 새들에 대해서는 잘 알고 있을 거예요. 새에 대한 이 앎이 그가 접하게 된 눈앞의 저 물체를 이해하는 데 도움을 줄 것입니다. 그가 그 물체에서 관찰한 몇 가지 사실, 예를 들어 '하늘을 난다.', '날개 같은 것이 달렸다.', '소리를 낸다.'에 의거해 그는 자신이 보고 있는 것이 "소리를 지르며 날아가는 거대한 새"라고 말하지 않을까요? 그렇다면 그가 가지고 있던 '앎'이 그의 눈앞에 있는 것을 '새'라고 '보게' 만들어 준 것이지요.

비행기가 새와는 전혀 다른 사물임을 알고 있는 우리 중 누군가가 성급하게 나서서, 저 원시인이 '잘못' 보고 있는 것이라고 목청을 높일지도 모르겠네요. "와, 대박! 어떻게 비행기를 새로 보냐!"라고 말하면서요.

하지만 정말 그가 '잘못' 보고 있는 걸까요? 비행기와 새의 차이를 구별할 수 있게 해 주는 세심한 관찰력이 없어서 실수를 하고 있는 걸까요? 그렇게 말하는 사람은 여기서 문제가 되는 것이 개인적인 관찰력이 아니라 공동체적인 앎이라는 것을 알지 못하는 사람이에요. 왜냐하면, 저 원시인이 비행기를 보고 새라고 보았던 것은 그가 비행기라는 사물을 알지 못했기 때문이며, 이는 그 개인의 탓이라기보다는 그가 속한 공동체가 공유하는 앎의 체계에 비행기가 존재하지 않았던 탓이니까요.

실제로 이와 비슷한 일이 유럽에서 일어난 적이 있어요. 이 사례의 주인공은 비행기를 처음 본 원시인이 아니라 코뿔소를 처음 보았던 유럽인들이었죠. 1515년 5월, 유럽 사람들은 처음으로 코뿔소를 보게 되었어요. 지금처럼 웬만한 도시에 동물원 한두 개 정도가 생기기 이전이었고, 사진이 발명되려면 아직 몇백 년이나 더 기다려야 했으며, 아프리카나 인도 등 코뿔소가 사는 곳으로 여행하는 일은 몇몇 특별한 사람이 아니면 불가능했던 시대였지요.

그러니 당시 인도를 지배하던 포르투갈 총독이 포르투갈의 왕 마누엘 1세에게 보내 준 인도 코뿔소 한 마리가 오랜 항해 끝에 리스본 항구에 도착했을 때, 사람들의 반응이 어떠했을지 충분히 짐작이 되지요? 한 번도 본 적 없던 이 진귀한 동물을 보기 위해 많은 사람들이 그곳에 모여들었으며, 재주 있는 이들은 이 동물의 모습을 그림으로 그려서 보지 못한 사람들에게 알리려고 했답니다. 그중 한 명이 유명한 독일 화가 알브레히트 뒤러였어요. 그 동물을 직접 볼 기회를 갖지는 못했던 뒤러는, 사람들의 이야기에 근거해 코뿔소의 모습을 판화로 제작하였는데, 이 그림이 설명과 함께 당시의 백과사전에 실리게 되었답니다.

그 그림을 한번 같이 볼까요?(22쪽) 코뿔소 몸통을 뒤덮고 있는 금속 같은 느낌의 갑옷이 가장 눈에 뜨이네요. 16세기에 살던 코뿔소는 오늘날과는 다르게 갑옷을 입고 있었던 걸까요? 그럴 리가요!

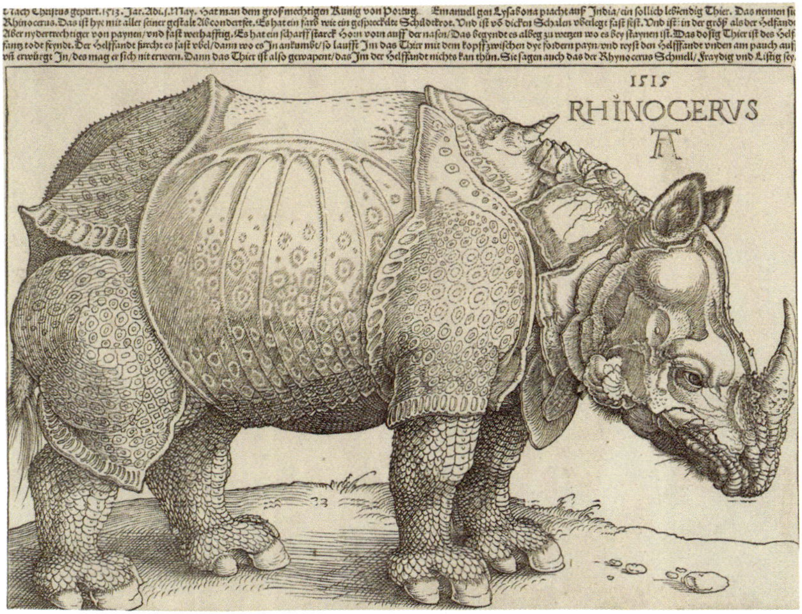

알브레히트 뒤러, 「코뿔소」, 목판화, 23.5×29.8cm, 1515년, 개인 소장.

비행기를 처음 보았던 원시인 이야기를 기억한다면 이 갑옷 입은 코뿔소의 비밀을 어렵지 않게 풀 수 있을 거예요. 당시 뒤러를 포함한 대부분의 유럽 사람들은 코뿔소처럼 단단한 표피를 가진 동물을 본 적이 없었어요. 그렇기에 뒤러는 그가 '알지 못하던 코뿔소의 두꺼운 표피를 그가 '알고 있던' 무엇인가에 근거해 볼 수밖에 없었던 것이지요.

그림을 조금 자세히 들여다볼까요? 그림에 묘사된 코뿔소의 표피가 중세 기사들이 입던 갑옷과 아주 비슷해 보이지 않나요? 머리 아래쪽 목가리개, 가슴을 덮은 흉갑은 물론, 어깨와 흉갑의 이음새에 일렬로 박혀 있는 대갈못과 다리 쪽으로 나 있는 장식 무늬들까지 영락없이 기사들이 입던 갑옷의 모습이죠? 코뿔소의 다리도 사정은 비슷해요. 짧고 굵은 코뿔소의 다리 표면은 기사들이 입던 비늘 갑옷처럼 그려져 있으니까요.

알브레히트 뒤러가 그린 코뿔소의 표피는 기사들이 입던 갑옷과 비슷하다. 파리 앵발리드 군사 박물관에 있는 갑옷.

15세기 인간은 내장 기관이 달랐다?

뒤러의 그림은, 당시의 유럽 사람들 역시 그들이 처음으로 마주쳤던 대상, 그에 대한 '앎'을 가지지 못했던 대상을, 그들이 가지고 있던 앎에 의거해 이해하면서 보았다는 사실을 알려 주지요. 이처럼 본다는 것은 우리 눈에 들어온 시각적 자극들을 우리가 알고 있던 앎과 지식에 의거해 '무엇'이라고 보는, 일종의 해석의 과정이랍니다. 바로 여기에 사람의 눈과 카메라의 차이가 있어요. 필름 막에 맺힌 반사된 이미지를 그저 포착하기만 하는 카메라와는 달리 우리의 눈은 어떤 대상을 이해하고 해석하면서 받아들이기 때문이지요.

그런데, 눈앞의 것을 '바로 그것'이라고 해석하면서 보게 하는 앎은 어디서 온 것일까요? 그건 사람들이 속해 있는 공동체에서 왔어요. 뒤러에게 코뿔소의 표피를 해석할 수 있게 해 준 갑옷에 대한 앎은 뒤러 개인의 상상적 산물이 아니죠. 갑옷 자체가 이미 사람들의 집합적 앎의 산물이며, 그림이나 책 등의 문화적 산물을 통해 혹은 교육을 통해 그에 대한 앎을 서로 공유하고, 전파하며 전승하는 체계들 역시 사회적인 것이니까요.

폴란드의 과학 철학자인 루드비치 플렉은 특정한 공동체가 공유하고 있는 그러한 종류의 집합적 지식의 체계를 '사유양식'이라고 불렀어요. 그 공동체의 역사, 지리적 조건, 그리고 사회, 문화적 배경들에 의해 형성되는 사유양식은 공동체의 문화적 정체성의 토대가 될 뿐 아니라, 그 구성원들이 세상의 사물들을 어떻게 바라보는가에도 큰 영향을 끼친다는 거예요.

예를 들어 동일한 대상을 눈앞에 두고서도, 빈곤한 환경 속에서 살아가는 바르샤바의 거주인들은 사람이 들어가 살 수 있는 '집'이라고 보고, 뉴욕의 시민들은 도저히 거주가 불가능한 '폐허' 아니면 '판자 무더기'라고 보는 것도 충분히 가능한 일이죠. 왜 이런 차이가 생겨날까요? 이들이 살아온 사회적 환경의 차이가 '집'에 대한 앎을 서로 다르게 만들었고, 그 다른 앎이 같은 사물을 '다르게' 보도록 했던 탓이지요. 북극에서 살아가는 에스키모인들에게는 눈[雪]을 지칭하는 단어가 여러 가지라는 말 들어 보셨지요? 이 단어들은 이들의 자연적 환경 속에서 형성된 '눈'에 대한 앎에 다름 아닐 텐데, 그런 앎이 우리에게는 그저 다 똑같아 보이는 눈의 종류를 서로 구별해서 볼 수 있게 하는 것이지요.

우리가 보는 것을 '바로 그것'이라고 보게 해 주는 것이 우리가 공유하고 있는 집합적인 앎과 지식의 체계라는 것은 본다는 것과 관련된 중요하고도 흥미로운 사실들을 설명해 줄 수 있어요. 즉, 그런 앎과 지식이 역사적으로 또 문화적으로 달라짐에 따라서 사람들이 세상의 사물들을 무엇이라고 보아왔는가가 역사적으로 변화해 왔다는 사실을요.

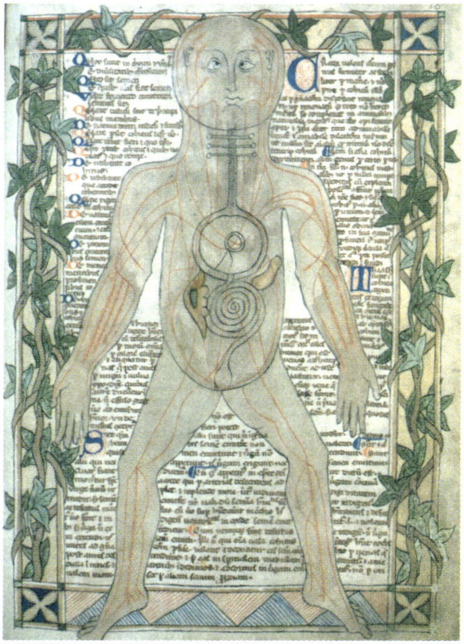

13세기 후반 영국의 의학백과에 실린 해부도. 시대에 따라 인간의 내장 기관을 다르게 보았음을 알 수 있다. 붉은 선은 혈관을 그린 것이다.

이를 가장 잘 보여 주는 것이 이전 시기에 출간되었던 해부학 관련 서적들이에요. 13~15세기에 출간된 해부학 서적 중에 사람의 내장 기관을 다섯 개의 달팽이 껍질 모양으로 그려 놓은 삽화가 실려 있어요. 오늘날 우리가 알고 있는 인간의 내장 기관과는 전혀 다르게 생겼지요. 왜 그럴까요? 현대인의 내장 기관이 그 당시 인간의 내장 기관과는 다른 모습으로 진화했기 때문일까요? 현대 문명의 영향으로 당시 인간에게는 없던 새로운 내장 기관이 생겨났기 때문일까요?

한편으로는 당시의 드로잉 기술이 세밀하고 복잡한 사물을 정교하게 묘사할 수 있을 만큼 발달하지 못한 탓일 수도 있겠지만, 그보다 더 근본적인 이유는 인간의 내장 기관을 바라보는 시선 자체가 역사적으로 변화했기 때문이에요. 인간의 배 속 허파, 위, 대장과 소장, 간과 방광 등의 많은 기관들이 서로 층을 이루면서 복잡하게 얽혀 있어서 웬만해서는 서로 구별해서 알아차리기가 쉽지 않아요. 그렇게 하려면 그 각각을 서로 구별하게 해 주는 앎과 명칭이 확립되어야 하겠지요. '소장'과 '십이지장'을 서로 구별하고, '직장'과 '대장'을 나누어 '볼 수' 있게 하는, 해부학의 발전과 더불어 생겨날 앎이.

그런 지식을 가지지 못했던 15세기 해부학자는 서로 복잡하게 얽혀 있는 내장 기관을 그가 알고 있던 '어지럽고 복잡한 유기체 형태'의 하나인 달팽이 모습이라고 '본' 것이지요. 이와 비슷한 일은 19세기에 처음으로 현미경을 통해 세포 내부의 모습을 보았을 때에도 일어났답니다. 세포핵, 리보솜, 미토콘드리아, 골지체, 편모 등으로 이루어진 세포를 사람들은 그들이 알고 있던 막대기, 구슬, 스프링으로 보았었지요.

본다는 것은 이렇게 사람들이 가지고 있는 앎과 매우 밀접하게 관련되어 있어요. 카메라와는 달리 우리의 눈으로 본다는 것은 그것이 '무엇'인지를 이해하고 해석하면서 보는 것이니까요. 그러한 해석적인 봄을 가능하게 해 주는 것이 우리가 속해 있는 공동체의 집합적 지식의 체계지요. 그것이 문화적으로, 또 역사적으로도 변화하기에, 그에 따라 우리는 세상을 '다르게', '다른 것으로' 보아 왔던 거예요.

로르샤흐 테스트

종이에 잉크를 떨어뜨리고, 접었다 펴서 좌우 대칭으로 만든 로르샤흐 카드. 이 카드를 보고 연상되는 사물은 사람마다 다르다.

로르샤흐 테스트를 아세요? 스위스의 정신분석학자인 헤르만 로르샤흐가 1921년에 개발한 심리 및 성격 진단 방법으로, 그의 이름을 따 로르샤흐 테스트라 불러요. 잉크 얼룩을 종이 위에 흘려 만들어졌다고 해서 '잉크 얼룩-테스트'라 불리기도 한답니다. 1921년 로르샤흐가 서로 다른 모양의 잉크 얼룩 그림 10개를 출간하면서 처음 세상에 알려지게 되었어요.

이 테스트의 원리는 간단해요. 테스트 참여자는 10가지의 서로 다른 잉크 얼룩 그림을 보고 떠오르거나 연상되는 사물을 말하면 돼요. 그러면 분석가는 그 대답에 근거해 참여자의 심리나 성격 등 정신적 상태를 분석하는 것이에요.

그런데, 어떻게 이 방법으로 누군가의 감정이나 내면을 파악할 수 있을까요? 서로 다른 심리적, 정신적 경향을 지닌 사람들이 이 추상적 형태의 그림들을 다르게 '해석'하기 때문이에요. 어떤 사람은 잉크 얼룩 전체의 형태를 보고 연상한다면, 어떤 사람은 그중 세부 형태에 주목할 수도 있고, 누군가는 주로 그림의 형태를 본다면, 다른 사람은 그림에 등장한 색깔에 더 관심을 가질 수도 있겠죠. 주로 사람의 모습을 떠올리는 이가 있는가 하면, 곤충 혹은 다른 동물의 모습을 떠올리는 사람도 있을 거예요.

이 그림에서 연상되는 모습을 떠올리는(해석하는) 방식은 이처럼 테스트 참여자들이 의식적 혹은 무의식적으로 가지고 있는 앎과 성향에 따라 달라질 겁니다. 그러니까 그 결과를 분석해 보면, 그 사람의 심리나 성격, 정신적 경향 등을 알 수 있는 것이에요. 무엇인가를 본다는 것이, 우리가 가지고 있는 집합적 앎과 지식에 의거해 '무엇'으로 해석하는 것이라는, 이 책의 내용과도 통하지 않나요?

보는 것과
아는 것의 사이에서

우리가 '무엇을 보는가'가 우리가 '무엇을 아는가'에 의존하고 있다는 사실은, 사물을 찍는 카메라와는 전혀 다른 방식으로 작동하는, 본다는 것만의 독특함이에요. 바로 여기서부터 시각적인 영역을 둘러싼 흥미진진한 이야깃거리가 나오지요. 이 장에서는 본다는 것의 이 독특함으로부터 생겨나는 몇 가지 중요한 문제에 대해 생각해 보겠습니다.

아는 것을 보기, 아는 것만 보기

본다는 것이 아는 것에 의존한다는 사실은 우리에게는 가능성이기도 하면서 동시에 한계이기도 해요. 내가 알고 있는 것, 그러기에 근본적으로 과거의 것이, 지금 내 눈앞에 있는 것을 보고 이해하는 데 결정적인 영향을 미칩니다. 그 때문에, 우리가 가진 세상과 사물들에 대한 '선입견'과 '관점'이 고집스럽게 이어져요. 그 선입견을 반박하는 새로운 현상을 눈앞에 두고서도 말이지요.

과거의 지식이 완고하게 현재 우리가 보는 것에 대한 해석과 이해를 지배하기에, 그 지식 체계 자체가 변화하려면 꽤나 많은 시간과 노력이 필요해요. 지구가 우주의 중심이고 다른 천체가 지구를 중심으로 돈다는 천동설이, 그에 어긋나는 많은 경험적 사실이 있었음에도, 수백 년 동안이나 바뀌지 않고 유지되었다는 사실이 잘 알려진 사례일 거예요.(이 책 뒷부분 갈릴레이의 이야기에서 다시 등장합니다.)

사람들이 알고 있던 지식과 앎의 체계 때문에, 낯설고 이질적인 것, 새로운 것들을 보지 못하거나 자신들에게 익숙한 방식으로만 보았던 사례는 인류 문화사에 넘쳐 날 정도로 많아요.

예를 들어 약 17세기부터 중국 문자가 유럽에 알려지기 시작했어요. 당시 유럽 학자들은 관심을 갖고 많은 연구를 했어요. 중국의 역사가 서구보다 훨씬 오래되었다는 사실이 조금씩 알려지면서 뿌리 깊은 유럽 중심주의가 흔들리던 시기였지요. 유럽 학자들은 알파벳과는 전혀 다른 모양과 원리를 가진 이 문자가 도대체 어디서 기원했을까에 대해 여러 가설을 내놓고 토론을 벌였답니다. 당시 많은 유럽 지식인은 중국 문자가 고대 이집트 성각문자(상형문자)에서 기원했다고 생각했어요. 고대 이집트 문명이 사실 기독교 문명과 통한다고 보았거든요. 중국 문자가 이집트에서 기원했다는 학설은 그래서 유럽인들에게 일말의 위안을 가져다주었던 거예요.

주목할 만한 것은, 중국 문자가 이집트 문자에서 기원하였다는 이 '잘못된 앎'이 중국 문자를 보는 유럽인들의 시선에 영향을 미쳤다는 사실이에요. 그들은 중국 문자에서는 고대 이집트 문자의 남아 있는 '흔적'을 보았고, 이집트 문자에서는 이후 중국 문자에서 변형된 모습으로 등장할 '원형'을 보았죠. 당시 그들이 가지고 있던 앎이 오늘날 사람들의 눈에는 멀쩡히 갈라 보이는 두 문자를 같은 종류의 것으로, 같은 기원을 갖는 문자로 보게 했던 것이지요. 예를 들어 프랑스 출신 예수회 선교사로 중국에서도 선교 활동을 벌였던 요셉 마리 아미오는 중국이 고대 이집트의 식민지였으며 그때 중국 문자가 이집트 문자를 받아들였다고 생각했어요.

로마 가톨릭 성직자이자 영국 왕립협회 회원이기도 했던 존 니덤은 그러한 학자 중 한 명이었어요. 1761년에 쓴 책에서 그는, 1년 전에 발견된 여신 이시스 흉상 위의 문자를 고대 이집트 문자라고 여

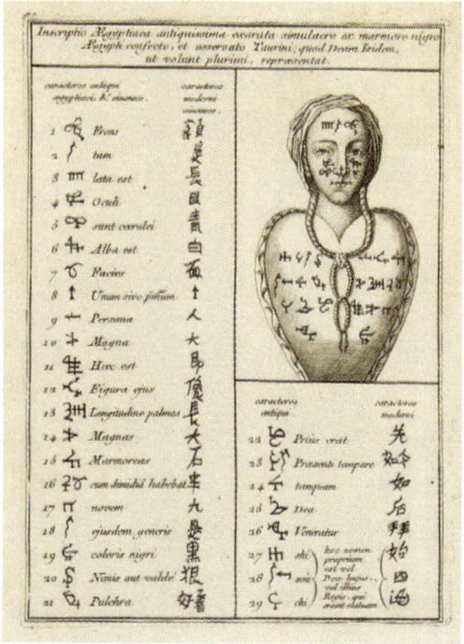

존 니덤이 1761년에 쓴 책의 한 쪽. 그는 이시스 흉상 위 문자를 그와 유사한 모양의 한자에 대응시켜 해독하려고 시도했다.

기고, 그 문자를 해독하려고 하였죠. 이때 어떤 방법이 사용되었는지 아세요? 흉상에서 발견된 문자와 형태가 유사하다고 생각되는 중국 문자를 대응시켜 보는 방법이었어요. 중국 문자는 해독이 가능하니까 그 의미를 따져 보면 대응되는 이집트 문자의 의미도 알아낼 수 있다고 생각했던 것이죠.

중국 문자가 이집트 문자의 아류라는 이러한 생각은 1822년 장 프랑수아 샹폴리옹이 이집트 문자를 해독할 때까지도 고집스럽게 이어졌답니다.

이 사례에서 무엇을 알 수 있을까요? 무엇인가를 본다는 것은, 다른 한편으로는 그와는 다른 무엇인가를 보지 못하게 할 수도 있다는 것이 아닐까요? 보고 있지만 보지 못하는 것이 아니라, 보고 있기 때문에 보지 못하게 되는 것들이, 늘 존재하고 있다는 뜻이에요. 그러니, 세상을 '잘' 보기 위해서는 본다는 것이 무엇을 보지 못하게 하는가를 늘 염두에 두어야 하겠지요. 이 이야기는 뒤에서 다시 자세히 하겠습니다.

다르게 보기 1: 관습에서 벗어나기

하지만, 본다는 것이 아는 것에 의존하고 있다는 점이 부정적인 것만은 아니에요. '알지 못하면 보이지 않는다.'는 것은, 일단 '알게 되

어떻게 보느냐에 따라 두 가지 다른 형상으로 보이는 그림.

면' 지금까지 보지 못했던 것을 '보게 된다.'는 뜻이기도 하고, 또 '다르게 알면' '다르게 볼' 수도 있다는 것을 의미하니까요.

'아는 만큼 보인다.'는 말은 본다는 것의 이런 긍정적 측면을 가리키는 말이죠. 예를 들어 볼까요? 위의 그림을 한번 보세요. 어떤 모습이 보이나요? 얼굴을 마주한 두 여인이 보이나요? 아니면 촛대를 가운데 놓고 앞을 바라보는 한 여인의 모습이 보이나요?

우리가 서로 얼굴을 마주하고 있는 두 여인의 모습을 볼 것인지, 혹은 앞을 바라보는 한 여인의 모습을 볼 것인지는, 우리가 이 그림을 무엇으로 볼 것인가에 따라 달라져요. 이 그림은 '게슈탈트 심리학'에서 많이 제기되었던 사례 중 하나예요. '게슈탈트(Gestalt)'란 독일어로 형태 또는 형상이라는 뜻인데, 우리가 한 대상에서 어떤 형태나 형상을 보게 되는가는 우리의 앎과 생각에 따라 달라진다는 것이 게슈탈트 심리학의 중요한 주장 중의 하나죠.

이 그림은 우리의 눈이 카메라 렌즈와는 달리 무엇을, 어떻게 볼 것인지를 스스로 규정할 수 있다는 사실을 알려 주지요. 바로 이 능력 덕분에 우리는, 과거의 앎이 규정하는 대로만 보는 것이 아니라 그와는 '다르게', 다른 것을 볼 수도 있습니다.

여기서 주목할 만한 것은 이 서로 다른 것을 보는 두 시선 사이의 긴장감이에요. 즉, 이 그림에서 볼 수 있는 서로 다른 두 형상 중 하나를 보고 있을 때 다른 형상은 우리 눈에 보이지 않습니다. 두 여인이 마주보는 형상을 보는 경우, 앞을 바라보는 한 여인의 모습은 사라지고, 앞을 바라보는 한 여인의 모습을 보는 순간 두 여인은 없어져 버리지요. 그 둘을 동시에 보려고 한번 해 보세요. 머리가 어지러워질 거예요.

우리는 이처럼 같은 대상을 앞에 놓고도 '다르게' 볼 수 있는 능력이 있어요. 이 능력은 우리가 예술을 즐길 수 있는 중요한 조건이에요. 예술가들은 다양하고도 도발적으로 이전까지의 해석과 틀을 벗어나 세상의 사물들을 '다르게' 보는 방식들을 제시해 왔습니다.

프랑스의 화가 르네 마그리트가 그린 「이것은 파이프가 아니다」라는 제목의 그림이 있습니다. 화가는 캔버스에 우리가 다 알 만한

르네 마그리트, 「이것은 파이프가 아니다」, 패널에 유채, 62.2×81cm, 1928/29년, 미국 로스앤젤레스 주립 미술관.

'담배 파이프'를 그려 놓고는, 그 아래쪽에 "이것은 파이프가 아니다."라고 써 놓았어요. 여기서 우리가 보고 있는 것이 파이프가 아니라니 도대체 무슨 의미일까요? 파이프가 아니라면 대체 무엇이라는 걸까요?

곰곰이 생각해 보니 과연, 이건 사실 파이프가 아니라 파이프를 그린 그림이라는 걸 깨닫게 돼요. 이 파이프 그림을 손에 들고 불을 붙여 담배를 피울 수는 없는 노릇이니까 말이죠. 이건 진짜 파이프가 아니라 캔버스에 유화로 그린 파이프의 그림이라는 거죠.

그런데, 파이프의 '그림'이란 뭘까요? 그림은 엄밀히 말하면, 붓에 묻혀 캔버스에 특정한 형태와 두께, 색깔을 갖도록 바르거나 문질러 놓은 물감들이잖아요? 그렇다면 우리는 '물감을 길게 늘어뜨려 칠함'으로써 생겨난 일정하지 않은 모양의 얼룩덜룩한 점들이 모여 있는 것, 말하자면 '아무것도 아닌 것'을 '파이프'라고 보고, 그렇게 생각했던 것이지요. 그러니 "이것은 파이프가 아니다."라는 말은 참으로 맞는 말인 셈이지요.

그런데 어쩌다가 우리는 이 물감 무더기를 파이프라고 보게 되었을까요? 이 그림에 대해 책 한 권을 쓴 프랑스의 철학자 미셸 푸코의 말을 들어 보죠. 푸코에 따르면 우리는 그림, 조각 등을 비롯한 모든 종류의 조형적인 구성물을 늘 무엇인가의 '재현'이라고 보는 오래된 관습을 가지고 있어요. 하늘의 구름이나 옷에 묻은 얼룩, 하다못해 바닥에 눌어붙은 껌을 보아도 우리는 거의 습관적으로 그와 모양이 비슷한 우리가 알고 있는 어떤 사물을 떠올리지요? 이건 사람 모양이네, 저건 총같이 생겼다, 우리나라 지도 같네! 등등으로요.

우연하게, 자연적으로 생긴 모양들 앞에서도 그러한데, 그림의 경우는 어떻겠어요? 우리는 화가가 만들어 놓은 물감 무더기의 형상이 우리가 아는 무엇인가와 비슷하다는 이유로 '저건 그 사물을 재현한 거야.'라고 보는 데 익숙하다는 거죠. 마그리트는 「이것은 파이프가 아니다」를 통해서, 우리의 오랜 관습적 시각을 일깨워 주고자 했던 것이죠.

언뜻 보면 쓸데없어 보이지만, 이런 문제 제기는 미술 작품을 보는 데 아주 중요한 질문을 던져 주지요. 우리는 작품 속에서 '무엇을 보는가?'라는 질문이에요. 우리는 마그리트의 그림을 처음 마주했을 때 '파이프'를 본다고 생각했지요. 그런데 "이것은 파이프가 아니다."라는 문장 덕분에 우리가 파이프라고 본 것이 사실 캔버스에 칠해진 물감 무더기임을 알게 되었지요. 이건 굉장한 관점의 전환이에요! 똑같은 대상을 놓고 처음에는 파이프를 보았다가 나중에는 물감 무더기를 보게 되었으니까요. 이제 우리는 이 그림에서 파이프도 물감 무더기도 볼 수 있게 되었죠.

재미있는 건, 앞에서 보았던 여인과 촛대 그림에서처럼, 둘 중 어느 것으로 보느냐에 따라 다른 하나가 보이지 않게 된다는 사실이에요. 물감 얼룩, 그러니까 화가가 특정한 색깔을 붓에 찍어 캔버스에서 특정한 손놀림을 통해 만들어 낸 이 흔적을 파이프라고 보는 순간, 우리에게는 캔버스에 남아 있는 물감 얼룩, 그 색감, 붓 터치, 질감 등은 보이지 않게 돼요.(이 책에 복제된 사진에서 그것들이 잘 드러나지 않는 건 당연한 일이니, 걱정 마세요.)

사실 우리 눈앞에 있는 건 나무로 짠 틀을 덮은 캔버스, 일정한 두께와 색깔, 냄새를 지녔을 물감과 같은 사물들이지만, 파이프를 보려는 우리 눈에는 이것들이 들어오지 않는 것이죠. 반대로 파이프

대신 물감 흔적, 붓 터치, 캔버스 표면의 거칢을 보려 하면 어느 순간 파이프는 우리 시야에서 사라져 버리지요.

그렇다면 '도대체 어떻게 보는 게 그림을 제대로 보는 것일까?'라는 의문이 생길 거예요.

철학자 플라톤에게 물어본다면 분명히 이렇게 말할 거예요. 당연히 파이프를 보아야 한다고. 왜냐하면 플라톤에게 중요한 것은 부서지고, 언젠가는 결국 사라져 버리는 사물들이 아니라, 변하지 않고 영원히 참된 사물들의 '이데아'였거든요. 내가 만지고 두들길 수 있는 눈앞의 책상은, 우리에게 책상의 관념(이데아)을 떠올리게 해 주는 한에서만 가치가 있다고 생각했어요. 캔버스의 천, 물감 같은 사물들은 파이프라는 관념을 재현하기 위해 필요한 것이었을 텐데, 거기에 주목하고 관심을 갖는다는 건, 플라톤이 보기에는 앞뒤가 뒤바뀐 행동이겠지요.

실지로 19세기 이전까지 미술은 넓은 의미에서 이러한 플라톤의 생각을 따르고 있었어요. 미술가나 조각가나 물감, 캔버스, 돌, 흙, 청동 등의 물질적 재료를 사용하지만, 중요한 것은 그 재료를 통해 재현하는 인물이나 사건이지 결코 그 재료들이 아니라는 것이죠. 그렇기에 그 재료들의 물질로서의 성질이 재현하는 대상보다 더 튀거나 부각되어서는 안 될 일이었죠. 그렇게 되면 사람들은 재현하는 대상보다 참되지 않은, 사라지고 말 그 재료의 물질성에 더 관심을 가질 테니까요.

고대 그리스 로마의 조각들은 말할 것도 없고, 그 정신을 이어받은 신고전주의 조각들은 그것을 보면 누구나 '아, 저건 무엇이야.'라고 분명하게 알아차릴 수 있게 하는 것을 목표로 삼았어요. 중요한 것은 재료나 표면의 질감이 아니라 그 조각이 재현하는 대상이며, 그 대상, 예를 들어 여신이나 인물의 모든 속성이 다 드러나도록 재현하는 것이 조각의 목표였죠.

대표적인 사례로 신고전주의 조각가 베르텔 토르발센의 「삼미신(三美神, The Graces)」을 가지고 이야기해 보죠. 'Grace'는 그리스어

베르텔 토르발센, 「삼미신」, 대리석, 172.7cm, 1820~1823년, 덴마크 코펜하겐 토르발센 미술관.

로 'Charis'라고 하며 아름다움과 사랑, 즐거움을 상징하는 그리스 신화의 세 여신들이에요. 사람들이 이상으로 여기던 가치를 구체적인 형태로 드러낸 인물들이어서 보티첼리, 라파엘로, 루벤스 등 많은 화가들이 즐겨 그렸던 테마였지요.

베르텔 토르발센의 작품을 보면 하얀 대리석으로 매끈하게 다듬어진 조각의 표면에는, 대리석이라는 재료의 물질성은 전혀 드러나지 않지요. 이것이 돌로 만들어졌다는 사실을 잊어버릴 정도예요. 여기서 대리석은 이상화된 여신을 재현하기 위해 물질로서의 성격을 완전히 감추고 있다는 것이죠. 그래서 우리는 이 작품에서 대리석의 질감이나 표면에 붙들리는 대신 그것이 재현하는 '삼미신'을 곧바로 떠올릴 수 있게 되는 것이죠.

그런데, 현대 예술에서는 상황이 바뀌기 시작했어요. 미술가들이 재현하는 대상보다 그를 위해 사용하는 재료가 더 눈길을 끄는 작품을 만들기 시작했거든요. 그러다 보니 재현하는 대상과 작품의 물질적 재료 사이의 긴장감이 커지기 시작했어요.

파블로 피카소가 1915년에 제작한 작품이 있어요. 제목은 「바이올린」. 제목이 '바이올린'이니 사람들은 이 작품이 바이올린을 재현하겠거니 생각했겠지요. 그런데 실제 이 작품을 보면 우리는 조금 당황스러워져요. 왜냐하면 실제 작품에서 우리가 보는 것은 채색되고 접힌 철판들을 쇠줄로 엮어 놓은 이상한 쇳덩어리거든요. 어떻게 봐

파블로 피카소, 「바이올린」, 금속판과 철사, 100×63.7×18cm, 1915년, 프랑스 파리 피카소 미술관.

도 우리가 '아는' 바이올린하고 비슷한 곳은 한 군데도 없어 보이는 쇳조각 묶음이에요. 그런데 피카소는 바이올린이라는 제목을 붙여 놓았어요. 물론 우리의 상상력을 발동해서 이 작품에서 바이올린을 '보는' 것이 불가능하지는 않아요. 왼쪽에 기대어 있는 긴 쇠막대기가 바이올린의 활이고, 나머지 부분을 그 몸통이라고 생각한다면 바이올린과 비슷하기도 하지요.

그런데, 이런 방식으로 우리가 아는 '바이올린'을 보려면 꽤 많은 의식적 노력이 필요해요. 재현의 원리에 충실한 이전의 그림이나 조각과는 달리 여기서는 우리 눈앞에 있는 것과 작가가 보라고 말하는 것 사이의 간극이, 다시 말해 작품을 이루는 물질적 재료들과 그 재료들이 재현하는 대상 사이의 거리가 상당히 멀기 때문이지요. 보자마자 '저건 파이프야.'라고 인지하는 관습에 익숙한 우리의 눈은 여기에서는 쇳조각들 앞에 붙들려 주춤하게 되는 것이죠. 얼기설기 얽힌 쇳조각, 투박하게 색칠된 철판들이 더 강하게 우리의 시선을 붙들기에 곧바로 '바이올린'을 보기가 힘든 거죠. 그럼에도 불구하고 '바이올린'을 보려면 우리의 눈은 이 쇳조각들의 물질적 성질을 꽤 많이 제쳐 두거나, 건너뛰거나, 추상화해야 해요.

미술 작품이 재현하거나 지시하는 관념적 대상이 아니라, 작품을 이루는 재료나 물질들의 성질 그 자체에 주목하게 하는 이러한 변화는, 이후 현대 미술의 중요한 흐름을 형성합니다.

1960년대 후반에 등장한 '미니멀리즘'이라 불리는 계열의 작가들은 의식적으로, 가공하지 않은 나무, 철, 콘크리트 등의 건설 재료를 미술관에 가져다 놓았어요. 그러고는 철판, 벽돌, 합판 구조물 등을 어떤 다른 것을 의미하거나 상징하는 작품으로서가 아니라 그냥 '철판'과 '벽돌'과 '합판 구조물'로 봐 달라고 관객에게 요청했어요. 작품 자체의 물질적 차원을 넘어서는 어떤 것도 나타내지 않으려는 것이죠. 사물을 보면서 그 사물이 재현하거나 의미한다는 다른 어떤 것으로 나아가지 않을 것! 이것이 미니멀리즘의 모토였지요.

이러한 시도들을 통해 현대 미술은 '본다는 것'에 있어서 지금까지의 관습적 방식들을 벗어나고자 했어요. 이러한 시도들은 우리의 눈이 보는 것을 능동적으로 구성하는 능력이 있기 때문에 가능한 일이었지요. 앞에서 보았던 것처럼, 우리에게는 한 미술 작품을 특정한 성질을 지닌 물질적 사물들, 예를 들어 물감 무더기, 색칠한 쇳덩어리로 볼 수도 있고, 그와는 달리 그 재료들이 재현하거나 의미하는 대상, 예를 들어 바이올린으로 볼 수도 있는 능력이 있으니까요.

미국의 미학 이론가 리처드 볼하임은 이 두 번째 방식의 보기를 '안에서 보기'(seeing in)라고 불렀어요. 피카소가 색칠한 쇳조각 '안'에서 '바이올린'을 보는 것이 '안에서 보기'인 거죠. 우리의 눈에는 이렇게 '안에서 볼 수 있는' 능력이 있어요. 우리 눈은 같은 대상에서 물감 무더기를 보는 것과 파이프를 보는 것, 쇳조각을 보는 것과 바이올린을 보는 것을 서로 구별할 수 있고, 그로부터 재료가 지닌 물질적 성격이 더 강하게 드러나느냐, 그 물질적 성격을 누르고 재현하는 대상이 더 강하게 드러나느냐의 긴장감을 즐길 수도 있어요.

다르게 보기 2 : 보이지 않는 것을 보기

어디 이뿐인 줄 아세요? 우리에게는 사물을 이와는 다르게 볼 수 있는 또 다른 능력도 있어요. 눈에 보이는 사물로부터 눈에 보이지 않는 다른 무엇인가를 볼 수 있는, 그야말로 놀라운 능력이에요. 이것 역시 본다는 것이 아는 것과 결합되어 있기에 가능해요.

점술가가 점을 치는 장면을 본 적이 있나요? 문화에 따라 서로 다르긴 하지만 점술가들은 의뢰인의 운명을 보기 위해 대부분 어떤 도구를 이용합니다. 내가 독일에서 공부할 때 본 케이블 TV 방송 중에 점을 쳐 주는 방송이 있었답니다. 전화를 건 시청자들이 궁금해하는 여러 가지 문제들에 대해 점을 봐 주는 꽤 인기 있는 방송이었어요. 독일의 점술가들은 영화에도 많이 등장하는 커다란 유리 구슬을 들여다보기도 하고, 혹은 향 같은 것을 피워 놓고 피어오르는 연기를 이용하기도 하더라고요.

내가 TV에서 본 점술가는 작은 화병같이 생긴 물건에 불을 붙인 담배를 꽂아 놓고는 거기에서 피어오르는 연기를 이용하여 점을 치는 사람이었어요. 전화를 건 의뢰인에게 나이, 별자리 등을 물어보는 동안 입에서 나온 바람에 그 연기가 이리저리 흩어져 날아갔지요. 점술가는 잠시 연기를 들여다보더니, 1년 안에 1만 유로를 얻는 행운이 찾아올 것이라고 말해 주더군요. 전화를 건 사람이 기뻐했던 건 말할 것도 없지요.

이뿐만이 아니죠. 누군가는 우리의 손바닥만 들여다보고서, 머리 쓰는 일은 일찌감치 접어 두는 게 좋겠다든지, 부부 금슬이 좋지 않겠다든지, 먼 곳에 여행가는 일은 피하라든지 조언을 하기도 하죠.

이마나 코만 보고서 인생에 고난과 역경이 있겠다든지 재물 운이 없어 돈을 벌지 못하겠다고 말합니다.

도대체 이 사람들은 무엇을 보고 있는 것일까요? 피어오르는 연기나 구슬, 손금이나 얼굴에서 자신이 알고 있는 어떤 형체를 찾아내는 것일까요? 피카소가 만든 쇳조각 묶음을 바이올린으로 보듯이, 연기나 손금, 얼굴 모습을 보면서 '안에서 보기'를 하고 있는 것일까요? 아니면 보통 사람의 눈으로는 볼 수 없는 연기 속의 미세한 무엇인가를, 마치 현미경으로 들여다보듯 확대해 보는 것일까요?

이 점술가들이 어떻게, 무엇을 보는지는 말하기 힘들지라도, 어쨌든 눈앞에 있는 연기, 손금, 코나 이마에서, 눈앞에 없는

점술가들은 다양한 방식으로 미래를 점친다.
알베르트 안케, 「점술가」 부분(1880년)

그 사람의 운명, 미래의 직업, 병이나 죽음 등을 '보는 것'만은 확실한 것 같아요. 눈에 보이는 것으로부터 눈에 보이지 않는 것을 본다니, 놀랍지 않나요?

그런데, 사실 조금만 생각해 보면 우리 주위에는 이런 능력을 가진 사람들이 꽤 많답니다. 사냥꾼은 땅에 찍힌 발자국을 보고 사슴이 얼마 전에 그곳을 지나갔다는 사실을 알아내고, 교통사고 처리 전문가들은 아스팔트 바닥에 남아 있는 타이어 자국만 보고도 어떤 종류의 차량이 어떻게 운전을 했는지를 알아내죠. 좀 더 전문적인 분야로 들어가 볼까요? 기상학자는 바람이 부는 방향과 세기를 보고 내일의 날씨를 예측하고, 동물학자는 동물이 걷거나 움직이는 모습만 보고 그 동물의 건강 상태나 병력을 추측하죠. 범죄 심리학자는 범인이 남긴 발자국이나 다른 흔적을 보고 그의 성격이나 나이, 등까지 알아내지요.

이처럼 당장 우리 눈앞에 보이는 사물들의 모습과 형태로부터 당장 눈앞에 보이지 않는 사물이나 사태를 알아내고, 유추하고, 예측하는 활동, 이것을 사람들은 '읽는다'고 말해 왔습니다. 손금이나 관상을 '읽고', 별자리를 '읽고', 나무의 나이테를 '읽고', 누군가의 표정을 '읽고'……. 우리는 일상에서 이 표현을 꽤 많이 사용하고 있어요.

'본다는 것'에 대해 말하면서 난데없이 왜 '읽는다는 것'으로 빠지

냐고요? 왜냐하면 이러한 '읽는다'는 것은, 우리가 앞에서 이야기해 온 '본다는 것'의 여러 가지 의미 중 어쩌면 우리가 가장 많이, 가장 일상적으로 하고 있는 것이니까요. 예를 들어 저 너머에서 연기가 나는 것만 '보고'는 우리는 당장 눈에는 보이지 않지만 '불이 났다.'는 것을 읽지요. 집에서 나섰을 때 보도블록이 젖어 있는 것을 '보고' 비가 왔었다는 것을 읽고, 하늘에 검은색 구름이 끼어 있는 것만 '보고' 비가 올 것을 읽고서 우산을 준비하지 않나요? 이 모든 행동들은 모두 '본다'는 것에서 출발해, 보이는 것에서 보이지 않는 것을 '읽어'내는 행동이지요.

우리가 사는 세상에는 우리가 '읽을 수 있는' 것이 가득해요. 인류는 아주 오래전부터 그 사물들을 보고 읽어 왔고, 바로 그 능력 덕분에 살아남았겠지요. 당장 눈앞에 보이지 않지만 주변 사물로부터 이곳이 맹수가 사는 곳이라는 걸 읽고 몸을 피하고, 눈앞에 없는 사냥감을 발자국이나 냄새 등을 읽어서 찾아내요. 또 닥쳐올 자연 재해를 구름이나 하늘 색깔로부터 읽어 대비할 수 있었기에 인류가 지금까지 생존해 왔을 테니까 말이에요.

사물은 징표를 갖고 있다

사물들을 '읽을 수' 있는 건 사물이나 그 사물의 흔적이, 당장 눈앞에는 없는 다른 무엇인가의 상태를 지시하거나 보여 주기 때문입니다. 손바닥에 그어진 손금, 땅에 찍힌 동물의 발자국, 나무에 새겨진 나이테, 눈이나 목구멍의 색깔 등은, 당장 눈앞에 보이지는 않는 다른 무엇인가를 읽어 낼 수 있게 하는 지표가 되지요.

중세 시대 서양 사람들은 사물들이 지니고 있는 그러한 지표를 그 사물의 '징표'라 불렀어요. 학자와 철학자들은 세상 만물이 지니고 있는 징표를 보고 읽어 냄으로써 그 만물들이 갖는 상호 연관성과 진리를 밝혀내려 했습니다. 예를 들어 중세의 유명한 의술가이자 연금술사이면서 철학자였던 파라셀수스는 이런 말을 했어요.

> 그 어떤 사물도 기호를 가지지 않는 것이 없다. 자연은 어떤 것도 그들 자신 속에 있는 것을 드러내지 않게 내버려 두지 않는다. (…) 자연의 사물들을 묘사하려는 사람은 이런 자연의 기호들을 듣고 그를 인식해야 한다. (…) '징표'는 그를 통해 모든 숨겨져 있는 사물들이 발견될 수 있는 앎이다.

사실 이 말은 오늘날 우리가 이해하는 일반적인 자연 탐구의 과정과 크게 다르지 않아요. 파라셀수스에 따르면 모든 사물은 자신 속에 그 사물의 생성, 변화, 소멸에 대한 정보—그는 이를 앎(scientia)이라고 표현하죠!—를 지니고 있는데, 인간의 정신은 사물의 징표

속에서 그걸 읽고, 알아내는 것이지요.

독일의 유명한 낭만주의 작가 노발리스 역시 비슷한 생각을 했어요. 그는 우주의 모든 사물이 가지고 있는 이런 징표를, 그 사물들이 가지고 있는 언어이자 문자라고 불렀어요.

> 인간만이 말하는 것이 아니다. 우주도, 그리고 모든 것이 무한한 언어를 말한다. 이것이 징표의 가르침이다. (…) 다양한 길들이 인간의 곁으로 지나간다. 그 길을 좇고 비교하는 사람은 놀라운 형상들이 생겨나는 것을 보게 될 것이다. 위대한 암호 문자에 속하는 것처럼 보이는 그 형상들은 곳곳에서, 새의 날개에서, 계란 껍데기에서, 구름에서, 눈에서, 수정에서, 돌멩이에서, 얼어붙은 물에서, 산과 식물, 동물, 인간의 내부와 바깥에서, 하늘의 별들에서, 구정물이 묻은 창에서, 자석 주위에 만들어진 철가루에서, 기이한 우연의 결합들에서도 볼 수 있다. 우리는 이것들 안에서 이 놀랄 만한 문자를 해독할 열쇠를 찾는다.

그런데, 어떻게 우주의 모든 사물들이 이러한 언어와 문자를 갖게 되었을까요? 세상의 만물이 신에 의해 창조되었다고 믿는 서양 문화에서는 당연히 신의 소관이라고 여겨졌겠지요. 우주의 모든 것이 언어와 문자를 지니고 있다면, 그건 창조주가 그 사물들에 그 언어와 문자를 새겨 놓았기 때문이라고요. 말하자면 사물들이 지니는

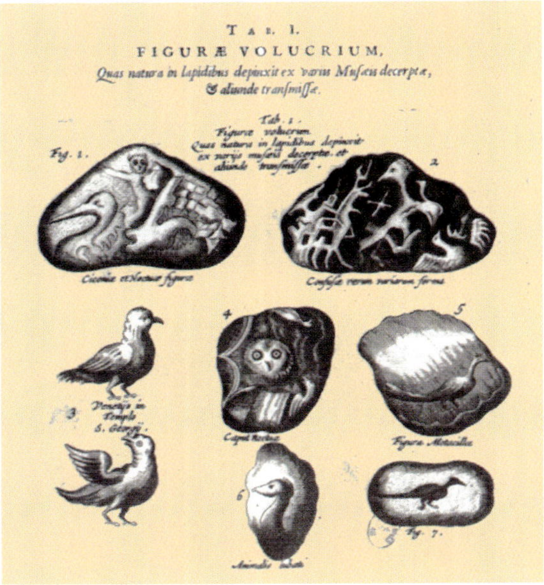

17세기 독일의 예수회 수사이자 학자인 아타나시우스 키르허의 책에 실린 그림. 자연물에서도 기호를 읽어 낼 수 있다는 생각을 담고 있다.

'징표'란 세계를 창조한 신이 자신이 창조한 사물에 써 놓은 언어, 더 정확히 말하자면 문자라는 것이지요.

이렇게 본다면 사물을 창조한 창조주는 동시에 인간이 읽어 내야 할 어떤 문자나 기호를 사물들에 '써넣은' 문필가이기도 한 셈이지요. '신은 문필가'이고, 사물들로 이루어진 '세계는 신의 손으로 쓰인 책'이며, 인간은 그 세계라는 책을 통해 우주와 자연의 본질을 깨닫는 '독자'라는 비유는 근대 이전까지 서구의 사고를 깊이 지배하고 있었답니다.

근대 과학적 사고방식이 등장하기 전까지 사람들은 이런 생각 속에서 살아왔어요. 본다는 것은 한 사물을 보고 무엇인가를 읽어 낸다는 것이에요. 우리가 그럴 수 있다는 것은, 이 사물을 만든 신이 여기에 그런 징표들을 써 놓았기 때문이에요. 생각해 보세요. 사물들이 이런 징표를 가지고 있다는 것이 인간의 삶에 얼마나 결정적인 도움이 되는지를. 하늘의 색깔을 보고 배를 띄우지 않아 태풍을 피한 뱃사람이, 벌레들이 갑자기 땅에서 기어 나오는 모습을 보고 지진을 예견하고 피한 마을 사람들이, 파랗게 변한 얼굴 빛깔을 보고 서둘러 치료를 해 죽음을 피한 환자들이, 인간의 신체를 포함한 세상 만물에 징표가 있고 인간이 그를 보고, 읽을 수 있다는 사실을 얼마나 다행스럽게 생각했을지를요.

그런데, 세상 만물에 숨겨져 있는 징표와 기호들을 보고 읽을 수 있는 능력을 모든 사람이 갖춘 건 아니지요. 사냥꾼이 동물의 흔적을, 어부가 바다와 하늘의 형태를, 그리고 수십 년 농사를 지은 농부가 땅에서 징표를 읽어 낼 수 있는 능력은 보통 사람들보다 훨씬 뛰어날 거예요. 사람의 손금이나 얼굴을 보고 그 사람의 운명을 읽어 내고, 던져진 쌀알이나 피어오르는 연기 속에서 행운이나 불행의 가능성을 읽는 사람들 역시 이러한 '능력자'에 속한다고 여겨졌겠지요. 그들은 모두, 눈에 보이는 사물의 모습을 보고 눈에 보이지 않는 다른 것들을 읽어 낼 수 있는 능력이 있는 것이니까요.

근대 이전에 사람들의 생각을 지배했던 이러한 믿음은, 과학적 사고방식이 나타나면서 변화되었지요. 우리는 더 이상 별이나 손금, 관상을 보고 한 국가나 개인의 운명을 읽어 내는 점술가와 구름과 대기의 상태를 관찰하고 내일의 날씨를 예보하는 기상학자를 같은 부류의 '능력자'라 여기지 않게 되었어요. 구름 및 대기의 상태와 날씨 사이의 관계가 객관적인 자연법칙을 따른다면, 별과 사람의 운명 사이에 관계가 있다는 생각은 신비주의적인 믿음을 따르지요. 그리고 우리는 그런 믿음을 합리적이거나 과학적이라고 생각하지 않으니까요.

셜록 홈스의 눈으로 보기

셜록 홈스를 아시죠? 코난 도일의 유명한 탐정 소설에 등장하는 주인공 말이에요. 그의 조수이자 친구인 왓슨의 시선으로 쓰인 이 소설 속에서 주인공 셜록 홈스는 놀라운 추리력을 발휘해 미궁에 빠진 사건들을 해결해 나가죠. 셜록 홈스 시리즈 중 하나인 『네 사람의 서명(The Sign of Four)』에는 홈스와 왓슨이 나눈 흥미로운 대화가 나옵니다.

"관찰과 추론이라……. 내 생각에 관찰은 일정 정도 추론을 포함하고 있지."

"그렇지 않다네. 왓슨! 예를 들어 관찰은 자네가 오늘 아침 위그모어 거리에 있는 우체국에 갔었다는 걸 말해 주지만, 자네가 전보를 치고 왔다는 건 추론이 알려 주지."

"아, 맞네……. 그런데 자네가 그걸 어떻게 알아낸 건지 도무지 모르겠는걸?"

"설명이 필요 없을 만큼 간단하다네. 나는 자네 구두 밑창에 붉은색 흙이 묻어 있는 걸 보았다네. 위그모어 거리 우체국 앞에서 지금 보도블록을 걷어 내고 공사를 벌이고 있지. 우체국에 가려면 그 흙을 밟고 지나지 않을 수 없게 되어 있어. 그 흙이 바로 이런 붉은색이지. 내가 아는 한 근처에 그런 색깔을 띤 흙은 없어. 여기까지가 관찰이었네. 나머지는 추론이지."

"멋지군. 그럼 내가 전보를 쳤다는 건 어떻게 추론한 거지?"

"나는 자네가 오늘 아침 편지를 쓰지 않았다는 걸 알고 있었네. 아침 내내 자네 옆에 앉아 있었으니까. 게다가 자네 책상 서랍 안에 우편엽서, 우표, 편지지 등이 그대로 있는 걸 보았지. 그렇다면 우체국에 갈 일은 전보를 치는 것 말고 뭐가 있겠나?"

이 대화는 홈스의 놀랄 만한 관찰과 추론 능력을 보여 주는 그나마 사소한 하나의 사례입니다. 홈스는 왓슨의 신발에 묻은 붉은 흙을 보고 왓슨이 아침에 '위그모어 거리의 우체국에 갔었다.'는 사실과 거기서 '전보를 치고 왔다.'는 사실을 '읽어' 냅니다. 왓슨은 마치 자신의 행적을 꿰뚫어 보는 독심술사라도 만난 듯 화들짝 놀라지요.

하지만 홈스의 설명을 들어 보면, 사실 그가 했던 건 눈에 보이는 사물(여기에서는 왓슨의 구두에 묻은 붉은 흙)을 예리하게 관찰하고 거기에 추론을 더해 결론을 얻어 낸 것에 다름 아니에요.

보통 사람들에게 홈스의 이 능력은, 경이로울 정도로 놀랍지만, 사실 그가 보여 주는 것은 어떤 마법도, 초월적인 기적도 아닙니다. 다른 사람들과 비교해 볼 때 홈스는 눈에 보이는 사물들로부터 눈에 보이지 않는 것들을 '읽어 내는' 능력이 좀 더 탁월한 것이지요. 홈스는 다른 사람들은 아무것도 읽어 내지 못하는 사물로부터 많은 것을 읽어 냅니다. 그는 다른 사람들은 좀처럼 발견할 수 없는 사물들 속에 감추어진, 눈에 보이지

스코틀랜드 에든버러에 있는 셜록 홈스의 동상이다.

않는 사건이나 사태를 보여 주는 징표를 찾아 읽어 내는 능력이 있습니다.

징표라고 하니까 어딘가 신비스러워 보이지만, 사실 그것은 기호학에서 말하는 '기호(sign)'로 바꾸어 말할 수도 있습니다. 기호란 '그 기호 바깥에 있는 무엇인가를 지시'하는 것으로, 그를 통해 그 무엇인가를 대리, 재현, 상징하는 어떤 것이지요.

예를 들어 홈스에게 왓슨의 구두에 묻은 붉은 흙은 왓슨의 행적을 알려 주는 기호일 것입니다. 펄럭이는 깃발은 그로부터 '바람'을 읽어 낼 수 있는 기호이며, 젖은 보도블록은 '어제 내린 비'를 읽어 낼 수 있는 기호이고, 누군가의 지치고 벌겋게 충혈된 눈동자는 '어제의 과음'을 읽어 낼 수 있는 기호일 것입니다.

기호가 지시하는 것을 그 기호의 '대상'이라 부른다면, 한 기호와 그 대상 사이에는 일정한 관계가 존재해야 합니다. 그래야만 그 기호로부터 그 기호의 '바깥에 있는' 대상을 읽어 낼 수 있을 테니까요.

찰스 샌더스 퍼스라는 미국의 기호학자는 한 기호와 그 대상의 관계를 크게 세 가지로 구분하는데요, 아이콘(Icon), 지표(Index), 상징(Symbol)입니다. 아이콘은 예를 들어 누군가를 그린 초상화 같은 것을 말합니다. 여기서 그 초상화(기호)와 그려진 인물(대상)의 관계는 '유사하다'는 것이에요. 그 유사함 때문에 기호(초상화)를 보는 사람들이 거기에서 대상(그려진 인물)을 떠올릴 수 있는, 곧 관계 지을 수 있는 것이지요. 아이콘과는 달리 상징에서는 기호와 그 대상은 관습적인 관계입니다. 예를 들어 '비둘기'와 '평화' 사이에는 겉보기에는 어떤 닮은 점도 없지만, 어떤 역사를 지닌 관습에 의해 비둘기는 평화의 '상징'으로 두루 쓰이니까요.

이와 구별되는 것이 지표입니다. 지표에서 기호와 대상과의 관계는 유사성이나 관습적 연관과는 무관합니다. 지표란 '시간적, 공간적 관계를 포함하는 실제적 관계'입니다. 바닥에 찍혀 있는 '발자국'은 누군가가 이곳을 지나가지 않았다면 생겨날 수 없는 기호이며, '펄럭이는 깃발'은 무엇인가가 그것을 움직여야만 생겨나는 기호이고, '구두에 묻은 흙'은 그 구두가 존재하는 그 흙을 만나야만 가능한 기호이지요. 이러한 점에서, 지표에서 기호와 그 대상은 실재하는 사물들의 물질적인 관계에 기초하고 있습니다.

이제는 여러분도 홈스의 특출한 능력이 어디에서 나온 것인지 좀 더 구체적으로 말할 수 있겠지요. 홈스는 보통 사람들의 눈에는 잘 뜨이지 않는 사소하고 미세한 사람과 사물의 특징들을 예리하게 발견해 내는 놀랄 만한 관찰력을 갖추고 있습니다.

그런데, 이것만으로는 부족하죠. 앎과 지식이 있기 때문에 그 관찰로부터 추론을 끄집어낼 수 있지요. 그는 세상에 존재하는 수많은 사물이 어떤 방식으로 서로 물질적인 영향을 주고받는지(예를 들어 펜을 쥐어야 하는 직업이면 오른쪽 세 번째 손가락 첫째 마디에 굳은살이 생기고, 오른손잡이와 왼손잡이가 맨 구두끈 매듭의 방향이 어떻게 다른지, 손이나 얼굴의 모양이나 색깔을 바꾸는 것이 어떤 종류의 질병들인지 등)를 잘 알고 있는 것이죠.

세상 사물들 사이의 물질적 영향 관계에 대한 앎, 그리고 예민한 관찰력, 이 두 가지만 있다면 우리는 홈스처럼, 눈앞의 사물을 보고 당장 눈앞에 보이지 않는 어떤 것을 '볼 수' 있어요. 언뜻 무슨 마법처럼 보이는 홈스의 능력이란, 사실 우리의 눈이 갖추고 있던 고유한 능력을 잘 갈고 다듬어 얻은 것일 뿐이에요.

문자 보기, 문자 읽기

눈앞에 있는 사물을 보면서 눈앞에 없는 무엇인가를 '읽어 내는 것'. 사실 인간 모두에게 존재하는 이러한 능력은 인간이 '문자'를 고안하여 사용하고 있다는 사실과도 밀접한 관련이 있습니다. 이탈리아의 역사학자 카를로 긴즈부르그는 눈앞에 있는 것을 없는 것의 기호로 포착하고, 그로부터 없는 것의 상태를 유추해 내는 인류의 능력이 아주 긴 역사적 과정을 통해 문자를 고안하게 하는 데로 나아갔다고 말합니다. 문자란 결국, 눈앞에 없는 사물이나 사태를 지시하고 소통하기 위해 인간이 창안해 낸 기호니까요.

그런데 생각해 보면 쓰여 있는 문자를 읽는다는 건, 앞에서 보았던 사물을 읽는 것과는 비슷하면서도 어딘가 다릅니다. '읽기' 위해서는 먼저 '보아야' 한다는 것이 이 두 가지 읽기 모두에 공통적이지만, 보는 방식은 서로 다릅니다. 별자리를, 손금을, 충혈된 눈을 보는 것과 책에 쓰인 글자를 보는 것 사이에는 차이가 있다는 것이지요. 이 두 읽기는 어떤 점에서 어떤 차이가 있을까요?

예를 들어 생각해 보죠. 여러분 아래의 문자를 한번 '읽어' 보세요. 어떤가요?

تَصَفَّح مُمْتِع، إن شاء الله!

아마 대부분의 사람들은 이 책의 한글 문장을 읽듯이 아랍 문자로 된 위의 문장을 '읽지'는 못할 거예요. "흰 건 종이요 검은 건 글자다!"라는 말이 들리는 듯하군요.

그런데, 읽지는 못했지만 우리가 할 수 있는 것은 분명히 있어요. 우리는 위 문장을 '볼 수' 있어요! 서예 시간에 배웠던 붓글씨처럼 솜씨 좋게 휘어진 획, 그리고 다이아몬드 모양, 빗금 모양으로 그어진 점들도 있네요. 이 문자들이 전하고 있을 의미를 '읽을' 수는 없었지만, 우리는 이 문자들의 모양과 색깔, 휘어진 굴곡 등을 '볼 수' 있지요.

즐겁게 공부해요!

앞의 아랍어 문장과는 달리 우리는 이 문장을 금세 '읽을' 수 있어요. 우리가 아주 잘 알고, 익숙한 한글이니까 말이죠. 너무도 익숙한 나머지 우리는 이 문자의 모양들을 거의 '보지도' 않은 것 같은 느낌이 들 정도예요. 우리가 읽지 못하는 위의 아랍어 무더기를 '볼' 때와 비교해 보면 우리는 여기에서는 글자 자체에 주목하기보다는 곧바로 이 문장의 '의미'로 날아가 버린 듯하지요. 사실 위 아랍어 문장과 아래 한글 문장은 같은 뜻이에요.

일반적으로 문자는 의미를 지칭 또는 지시하는 기호라고 말합니다. 문자를 '읽는다'는 건 문자의 형태를 '본다'는 걸 전제하지만, 그러한 '봄'은 눈에 보이는 문자의 형태에 머무르기 위한 것이 아니라 그 '너머'에 있는 의미로 나아가기 위한 것이죠. 비유하자면, 달을 가리키는 손가락 같다고나 할까요? 손가락은 우리의 시선을 달로 유도해 주지만 달을 보기 위해서 우리는 손가락을 '통과해야' 한다는 것이지요.

위에서 본 아랍 문자의 경우 우리의 시선은 달을 가리키는 손가락을 넘어서지 못하고 그에 붙들려 버렸지요. 보자마자 곧바로 뜻을 알 수 있었던 두 번째 경우에서 우리는 손가락을 거쳐서 곧바로 달을 보게 되었다고 말할 수 있을 거예요.

문자를 읽을 때 우리가 달이 아닌 손가락에 붙들리는 까닭은 여러 가지예요. 우선 위 아랍어의 경우처럼 우리가 그 문자를 알지 못하기 때문이에요. 그러면 우리의 시선은 손가락에, 곧 문자 자체를 바라보는 데에 머무르게 되지요. 그런데, 우리가 잘 알고 있는 문자의 경우에도 그럴 수 있어요. 예를 들어 누군가가 너무 급하게 휘갈겨 쓰거나, 반쯤 지워진 글자의 경우 우리의 시선은 문자 자체의 모양에 오래 머물 수밖에 없죠. 자세히 들여다봄으로써 그 문자를 '해독' 할 수 있다면 우리는 거기에서 벗어나 문자의 '의미'에 도달하게 되는 거지요.

읽으면서 보기, 보면서 읽기

그런데 문자에 대해 이와는 생각이 다른 사람들이 있어요. 그들은 문자를 '읽는다'는 것을 그 문자의 형태를 '통과해' 보이지 않는 '의미'를 얻는 것이 아니라고 말했어요. 오히려 문자의 진정한 의미는 눈에 보이는 문자의 형태 바깥이 아니라 그 형태 자체 속에 있다고, 그렇기에 문자를 '읽기' 위해서는 문자의 형태에 더 주목해야 한다고 주장했지요.

이 주장은 우리처럼 한자 문화권에 살고 있는 사람들에게는 그렇게 놀라운 사실로 느껴지지 않지요? 왜냐하면 중국, 한국, 일본이 공통적으로 사용해 왔던 한자에는 이미 사물의 형태를 여러 가지 방식으로 본떠 만들어진 문자가 적지 않게 들어 있기 때문이에요. 하지만 전통적으로, 그리고 오늘날까지도 말소리만을 표기하는 표음문자라고 알려진 알파벳 문자를 가지고, 그 문자의 형태에서 문자의 '의미'를 도출하려던 시도가 있었다는 사실은 흥미롭지요.

예를 들어, 18세기 영국의 서지학자였던 롤런드 존스는 알파벳이 임의로 만들어진 기호가 아니라 각각의 모양에는 우주적인 의미가 담겨 있다고 생각했어요. O는 무한한 공간과 시간, 특히 태양과 태양의 운동을 상징하고, I는 똑바로 서 있는 사람으로 '원죄를 짓기 이전 근원 상태의 인간'의 모습이며, a는 O를 수평으로 나눈 것으로 무한한 시공간으로서의 O의 정신성에 대립하는 세속적 요소의 물질성을 의미하며, C는 태양의 운동으로서의 O를 절반으로 나눈 것으로 운동에의 지향성, 곧 행위를 상징한다는 것이죠. 이러한 이론에 따르면 알파벳으로 구성된 단어나 문장은, 이 알파벳 모양이 지닌 우주적, 존재론적 의미를 고려해야만 그 심층적인 의미를 밝혀낼 수 있게 된다는 것이에요.

프랑스의 작가이자 비평가인 폴 클로델은 문자의 형태와 모양에 대한 좀 더 문학적인 이론을 내놓았죠. 그는 알파벳 문자로 이루어진 단어들은, 사람들이 생각하듯, 그저 단어의 음가만을 기록한 것이 아니라, 그 형태와 모양을 통해서도 단어의 의미를 함께 보여 주고 있다고 생각했어요. 예를 들어 프랑스어 단어 œil(눈[目])은 사람의 눈동자의 모양을 묘사한 단어이며, 같은 뜻의 영어 단어 eye는 코 y를 사이에 두고 있는 두 눈 e을 시각적으로 추상화한 모습이라는 거예요.

참 기발한 상상력이지요? 그가 제시하고 있는 이런 사례들은 이 밖에도 많은데, 그중에서도 문학적 상상력의 압권은 '꿈'이라는 뜻의 프랑스어 단어 RÊVE예요. 클로델에 따르면 이 단어에 등장하는 철자 E는 사다리이고, 그 위에 있는 악상 기호 ^는 나비예요. 그러니까 Ê는 사다리 위에 나비가 앉아 있는 모습이지요. 그 나비를 잡으려고 채집망(P)을 든 사람이, 나비가 있는 사다리를 향해서 조심스럽게 한 발을 내밀고(R), 나비를 향해 팔을(V) 뻗죠. 그리고 어떻게 되었냐고요? 이 단어의 마지막 철자를 보면 알 수 있어요. 나비는 훌쩍 날아가 버리고 빈 사다리(E)만 남게 되었죠.

어떤가요? 여기서 문자를 '읽는다'는 것은, 그 문자의 형태를 함께 '보는' 것과 결코 떨어질 수 없어요. 일반적인 경우 문자를 읽을 때 문자의 형태에 머무르는 것은, 문자의 '의미'로 나아가는 걸 방해하지요. 하지만, 여기에서는 문자의 형태를 보는 것과 문자의 의미를 읽는 것이, 서로 척척 호흡을 맞추는 서커스 단원들처럼, 문학적 효과를 더욱 높여 주지요.

읽는 시, 보는 시

눈

눈이 온 뒤에도 또 내린다

생각하고 난 두에도 또 내린다

응아 하고 운 뒤에도 또 내릴까

한꺼번에 생각하고 또 내린다

한 줄 건너 두 줄 건너 또 내릴까

폐허에 폐허에 눈이 내릴까

문자를, 시를, 텍스트를 읽는다는 것을 본다는 것과 결합하는 문학적 시도들을 우리나라 시에서도 찾아볼 수 있어요. 「눈[雪]」은 한국의 대표적인 시인 김수영이 1966년 발표한 시예요. 여기서 이 시는 우리에게 익숙한 가로쓰기로 쓰여 있어요. 그런데 이 시가 발표되던 1960년대 우리나라 거의 모든 책과 신문들은 아직 세로쓰기를 하고 있었고, 당연히 이 시 역시 세로쓰기로 발표되었죠. 세로쓰기를 하면 행과 행의 간격이 세로로 생겨나겠죠? 현재 남아 있는 김수영 시인의 육필 원고를 보면, 시인은 이 시의 행 간격을 '두 배'로 할 것을 특별히 지시하고 있어요. 왜 그랬을까요? 세로로 쓰인 시의 행 사이에 공백이 충분하게 마련되어야 비로소 시인이 의도했던 시적 효과가 생겨나기 때문이에요. 이 시를 세로로 써 보게 되면 그런 시적 효과가 무엇인지 알게 돼요.

눈

눈이 온 뒤에도 또 내린다
생각하고 난 뒤에도 또 내린다
응아 하고 운 뒤에도 또 내릴까
한꺼번에 생각하고 또 내린다
한 줄 건너 두 줄 건너 또 내릴까
폐허에 폐허에 눈이 내릴까

이렇게 세로쓰기를 하면 행들 사이의 공백이 종이 표면 위에서 특정한 시각적 형상을 만들어 내는 게 보이죠? 하늘에서 땅으로 내려오는 눈의 모양이 행과 행 사이의 공백을 통해 시각화되는 것이죠. 그런데 이것이 정말 시인 김수영이 의도한 것이라는 걸 어떻게 알 수 있을까요? 이 시의 5행을 한번 읽어 보세요. "한 줄 건너 두 줄 건너 또 내릴까". 여기에서 시인은 하늘에서 내리는 눈을 '줄'이라는 단어로 표현하고 있지요? 내리는 눈을 '줄'이라는 낯선 단어로 표현한 건, 세로쓰기로 쓰인 시의 줄(행)과 줄(행) 사이의 공백이 만들어 내는 이러한 시각적 형상을 염두에 둔 것이었죠. 이 시의 시적 의미는 시어의 언어적 내용만이 아니라 시의 문자들을 종이에 특정한 방식으로 배치하여 드러나는 시각적 형태를 함께 봄으로써만 비로소 온전하게 드러나는 것이죠.

우리의 시선을 바꾼
도구들

세상을 바라보는 우리의 시선은 우리가 무엇을 알고 있는가에 따라, 우리가 무엇을, 어떻게 보고자 하는가에 따라 서로 다른 것을 봅니다. 우리의 눈은 하나의 작품을 사물들의 무더기로 볼 수도, 다른 무엇인가를 재현하는 것으로 볼 수도 있고, 심지어 눈앞에 있는 사물들로부터 눈에 보이지 않는 것까지도 '읽어' 낼 수 있는 놀라운 능력을 가지고 있어요. 이러한 점에서 본다는 것은, 카메라로 대상의 이미지를 복제해 내는 수동적인 기능과 결코 동일한 것이 아니에요.

앞에서 우리가 공유하는 앎과 지식의 체계에 따라, 우리 눈에 들어온 시각적 자극들이 달리 보이며, 그렇기 때문에 그 앎과 지식 체계가 변함에 따라 무엇을, 어떻게 보는가가 역사적으로 변화해 왔다는 이야기를 했어요.

시각 매체 역시, 무엇을 어떻게 보는가를 변화시키는 데 큰 영향을 끼쳤어요. 망원경, 현미경과 같은 광학기구부터 사진과 같은 시각 기록 매체에 이르기까지 인류가 고안한 시각 도구들은 세상을 바라보는 우리의 시선을 변화시켜 왔어요. 이것들을 통해, 더 정확히 말하자면 그 매체들이 전해 준 사물의 모습들을 통해, 이 세계에 대한 우리의 '앎'이 결정적으로 변화되었기 때문이죠. 그 변화가 '결정적'이라고 말하는 이유는 시각 매체가 '보이는 것'과 '보이지 않는 것'의 경계 자체를 바꾸어 놓았기 때문이에요. 조금 과장해서 말한다면, 망원경과 현미경, 사진이 등장하고 나서 우리는 더 이상 세상의 사물들을 이전과 같은 시선으로 보지 못하게 되었어요. 이 장에서는 그중 망원경과 사진, 두 가지 매체가 세상을 바라보는 우리의 시선을 어떻게 바꾸어 놓았는지 생각해 보도록 해요.

갈릴레이의 망원경

1610년 1월 갈릴레오 갈릴레이는 자신이 만든 망원경으로 하늘을 들여다보았어요. 유리를 갈아 만든 렌즈는 그 이전부터 있었고, 렌즈를 겹쳐서 보면 사물이 크거나 작게 보인다는 사실이 오래전부터 알려졌지만, 그 시기에는 아직 그 사실을 활용한 광학기구들이 본격적으로 등장하기 이전이었어요. 1608년 네덜란드의 안경사 리페르세이가 최초의 망원경을 만든 것으로 알려져 있지만, 옆 사람 얼굴이나 치마 속을 들여다보는 장난감 정도로만 활용되던 상황이었죠.

이 장난감을 본격적인 관찰 기구로 바꾼 인물이 바로 갈릴레오 갈릴레이였어요. 갈릴레이는 네덜란드에서 얻은 정보를 바탕으로 직접 망원경을 만들어, 인류 역사상 최초로 하늘을 들여다보았어요. 이 사건은 이후 과학과 시각 도구의 역사에서 중요한 분기점이 되죠.

갈릴레이는 망원경을 통해 하늘에서 무엇을 보았을까요? 지금까지 아무도 보지 못했던 별들이었어요. 이를 세상에 전하기 위해 1610년 3월, 서둘러 출간한 책 『시데레우스 눈치우스(Sidereus Nuncius)』 즉 '별들로부터의 소식'에 갈릴레이는 이런 기록을 남깁니다.

> 우리의 자연적 시각 능력을 통해 오늘날까지 관찰될 수 있었던 별들에 지금까지 한 번도 지각된 바 없던 수많은 별을 추가하고 눈앞에서 바라본다는 건 정말 대단한 일이다. 이로써 별들의 숫자는 이전보다 10배나 넘게 늘어나게 되었다.

갈릴레이의 흥분이 느껴지지 않나요? 그는 수백 년 동안 인류가 보아 왔던 하늘에서, 그 누구도 그전에 보지 못했던 수많은 숫자의 별들을 '보았다'고 주장하고 있어요. 갈릴레이가 망원경을 통해 본 것은 이 새로운 별만이 아니었어요. 그는 자신이 만든 망원경을, 인류가 수백 년 이상 바라보고 경배하고 찬미해 왔던 달에게로도 향했죠. 그러고는 또 한 번 놀라운 것을 '보게' 되는데요, 유리처럼 매끈하고 부드러운 표면이 아니라 크고 작은 웅덩이와 구릉들로 뒤덮여 있는 달, 험한 지구 표면과 같은 달의 모습이었어요. 그는 이렇게 기록합니다.

> 이 관찰을 통해 우리는 달의 표면이 부드럽고 매끈하기는커녕 거칠고 울퉁불퉁하다는 것을, 지구 표면처럼 온통 거대한 융기, 깊은 분지와 구릉들로 뒤덮여 있다는 것을 감각적 확실성에 의거해 인식할 수 있다.

이것은 당시로서는 정말 깜짝 놀랄 만한 문장이에요. 갈릴레이는 인류가 수백 년 동안 보아 왔던 허공에 수많은 별들이 있다는 것을, 유리처럼 매끈한 표면을 갖고 있다고 믿어 온 달이 융기와 구릉으로 뒤덮여 있다는 것을 '보고', 그것이 '감각적 확실성'에

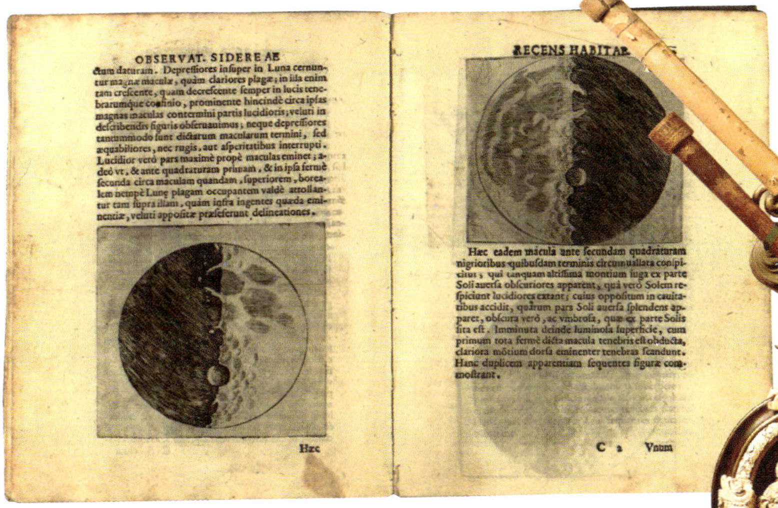

1610년에 출간된 갈릴레이의 책 『시데레우스 눈치우스』이다(왼쪽). 갈릴레이는 이 책에 망원경을 통해 바라본 별의 움직임을 관찰 기록 형식으로 상세하게 담았다. 오른쪽은 갈릴레이가 사용했던 망원경이다.

의거한 진리라고 금방 확신하고 있기 때문이에요. '세계의 발견과 발명'과 같은 과학 영화나 다큐멘터리 등에 등장할 만한 이 구절은, 당시에는 많은 논란을 불러일으키는 의심스러운 주장이었어요. 왜 그랬을까요?

첫 번째 이유는 갈릴레이가 망원경을 통해 본 하늘의 모습이, 갈릴레이를 제외한 다른 사람들, 아니 전 인류가 보아 왔던 하늘의 모습과는 너무나 달랐기 때문이에요. 갈릴레이가 망원경을 통해 볼 수 있었던 새로운 별들은 맨눈으로 하늘을 아무리 뚫어지게 들여다보아도 보이지 않아요. 그가 보았다는 달의 표면은 수백 년 동안 인류가 보고 찬미해 왔던 매끈한 표면의 달과는 너무도 달랐어요. 말하자면 갈릴레이가 주장하는 별과 달의 모습은, 수백 년 동안 사람들이 '알고 있던' 별과 달의 모습과 너무 차이가 났어요. 갈릴레이가 보았다고 하는 이 하늘의 모습이 진짜라는 걸 당시 사람들이 어떻게 받아들일 수 있었겠어요?

갈릴레이의 주장이 논란을 일으킬 수밖에 없었던 두 번째 이유는, 그가 맨눈이 아니라 망원경이라는 도구를 사용했다는 사실이었어요. 이전까지 알고 있던 것과는 너무도 다른 달의 모습을 보여 준 망원경, 듣도 보도 못하던 이 새로운 도구가 보여 주는 것이 과연 제대로 된 진짜 사물의 모습인지를 보장할 아무 근거가 없었던 것이죠. 요즘 사람들은 망원경이나 현미경이 보여 주는 것이 맨눈으로는 볼 수 없는 사물의 진짜 모습이라고 믿지만, 당시에는 그렇지 않았기 때문이에요.

갈릴레이가 책을 펴내기 약 30여 년 전 플로렌스의 곤충학자 조반니 루첼라이가 꿀벌 해부에 대한 논문을 발표했던 적이 있었어요. 그런데 당시 사람들은 그 연구를 조롱하였답니다. 왜 그랬는지 아세요? 그가 오목렌즈로 벌을 관찰했다는 이유 때문이었어요. 당시 사람들에게 그건 마치 푸른색 안경을 쓰고 백조를 관찰하고서 "백조는 파란색이다!"라고 주장하는 것처럼 여겨졌던 것이죠.

실지로 유럽에서 망원경, 현미경 등의 광학기구를 관찰과 실험의 도구로 받아들인 것은 그로부터 약 100여 년이 흐른 뒤였습니다. 당시 사람들이, 갈릴레이가 보았다는 새로운 별이나 달의 표면이란, 수면 부족에 시달리던 갈릴레이의 피로한 눈이 만들어 낸 헛것이거나, 망원경이라는 기괴한 도구가 왜곡해 보여 준 하늘의 모습이라고 생각했던 건 당연한 일이었지요.

갈릴레이와 당시 사람들의 생각의 차이에는 본다는 것을 둘러싼 핵심적인 질문이 들어 있습니다. 우리 맨눈에 보이는 세계와 망원경과 같은 도구를 통해 보이는 세계가 다르다면, 그중 어떤 것이 '진짜' 세계의 모습일까라는 질문이요.

세계는 눈에 보여야 했다

우리는 앞에서, 본다는 것이 아는 것에 의거해 이루어지는 해석임을, 즉 알지 못하던 것이나 처음 보는 것을 아는 것에 의거해 본다는 것을 알았습니다. 때문에 단지 보이지 않던 새로운 것을 보여 준다고 해서 그 앎과 지식이 금방 바뀌지 않는다는 것도 알게 되었지요. 망원경으로 보이는 하늘의 모습이 진짜 하늘의 모습이 아니라고 여겼던 데에도 수백 년간 이어지던 뿌리 깊은 하나의 앎과 믿음이 작용하고 있었어요. 이 세계와 자연이, 근본적으로 눈에 보이도록 창조되었다는 신학적 믿음이었지요.

세계는 시작될 때부터 인간의 눈에 보이는 것으로 창조되었다는 믿음은 고대 그리스 철학자 플라톤의 창조론에도 등장합니다. 플라톤에 따르면 우주는 '데미우르고스'라는 창조신이 정돈되지 않고 마구 뒤섞여 있던 물, 불, 흙, 공기라는 4원소에 수학적 질서를 부여해 처음부터 '볼 수 있고 접촉할 수도' 있게 만들었어요.

세계가 인간이 볼 수 있도록 창조되었다는 것은 기독교 창조론에서도 말하지요. 엿새에 걸쳐 낮과 밤, 하늘, 바다와 육지, 식물, 태양과 별, 새와 물고기, 땅 위의 짐승과 인간을 창조한 기독교의 신이 자신이 "지으신 것들을 보고 흡족해"(창세기 1:31)하셨다는 구절은 유명하죠.

신이 천지를 창조하는 장면을 묘사한 윌리엄 블레이크의 그림 「태고의 날들」. 초월적 존재가 이 세계를 정확하게 설계하여 만들었다는 생각을 보여 준다.

창조주는 자신만 보고 흡족해하기 위해 이 모든 걸 만들었을까요? 창조주는 세계를 만들고 나서 "자신의 형상대로 창조한"(창세기 1:27) 인간에게 세상 만물을 "정복하고 다스리고"(창세기 1:28), 그들에게 "이름을 붙여 주라."(창세기 2:20)고 말했죠. 그 만물들이 인간의 눈에 보이지 않는다면 어떻게 이름을 붙여 주고, 어떻게 정복하고 다스릴 수 있었겠어요? 그러니까 만물이 인간이 '볼 수 있는 것'으로, 인간이 그를 보고, 이름 짓고, 다스릴 수 있도록 창조되었다는 것은, 인간이 세계를 신뢰

할 수 있는 핵심적인 신학적 전제였던 것이지요.

만물이 인간의 눈에 보여야 인간은 그 세계에 대해 근본적으로 친밀한 관계를 맺을 수 있어요. 만물을 창조한 창조주의 위대함을 찬양하기 위해서라도 세계의 사물은 인간의 눈에 보이고, 인간의 눈에 보이는 대로 존재하는 것이어야 했지요. 물론, 가끔씩 동물의 탈을 쓰기도 하는 악마나 죽은 자들의 영령 등은 눈에 보이지 않을 수도 있지만 그것들은 본래 이 세계에 속하는 존재들이 아니니 예외라고 할 수 있겠지요.

시각 도구와 눈에 보이지 않는 세계

망원경이나 현미경 같은 도구를 받아들이려면 이 오래된 앎이 근본적으로 바뀌어야 했어요. 세상에는 시각 도구를 통해서만 보이는, 눈에 보이지 않는 것들이 꽤나 많이 존재한다는 사실을 인정해야 했죠. 알다시피, 이후 과학의 역사에서 실지로 이 일이 일어났습니다. 이제는 그 누구도 이 세계가 우리 눈에 보이는 사물들로만 이루어져 있다고 생각하지 않아요. 과학이 광학기구를 받아들이고 난 이후 시대의 우리는 우리의 눈에 보이지 않던 수많은 세계가 존재한다고 여기고 있으니까요.

천문학은 망원경을 통해 이전까지 상상도 하지 못하던 광활한 천체의 모습을 알려 주었고, 현미경으로 무장한 생물학 역시 인간의 몸 안에 그 못지않은 소우주가 있음을 보여 주었죠. 오늘날 사람들은 그 누구도 이 도구들이 보여 주는 것들이 실제로 존재한다는 사실을 의심하지 않지요.

시각 도구와 더불어 세계에 대한 우리의 앎이 바뀌고 난 후, 세상을 바라보는 우리의 시선 역시 근본적으로 달라졌습니다. 우리는 더 이상 우리 눈에 보이는 게 세상의 전부라고 생각하지 않아요. 오히려 우리가 숨 쉬며 살아가고 있는 바로 이 세계는 눈에 보이지 않는 사물과 존재들로 가득 차 있고, 시각 도구는 그 '눈에 보이지 않는 것들'의 존재를 점점 더 많이 알려 줄 것이라고 생각하죠. 우리 맨눈에는 보이지 않는 별들의 숫자는 망원경의 성능에 비례해 증가하겠죠. 현미경의 배율이 점점 더 높아지면서, 우리의 손과 호흡하는 공기 중에 지금 알려진 것보다 더 많은 미생물과 병원균들이 있다는 사실이 밝혀지겠지요.

이처럼 우리 눈에 보이지 않는 수많은 존재들을 의식하고 있는 우리의 시선과 만물이 눈에 보이게 창조되었다고 믿었던 과거 사람들의 시선은 어떻게 다를까요? 우리의 눈이 이전에 비해 더 불안해졌다는 점이 가장 큰 차이가 아닐까요? 눈에 보이지 않는 것들에 대해 점점 더 많이 알게 될수록, 우리의 불안과 강박은 더 늘어나고 있으

장마철에 기승을 부리는 곰팡이균과 세균을 없앤다는 살균 세제 광고.

니까요.

예를 들어 위의 살균 세제 광고를 한번 보세요. “비만 보이십니까? 장마철에는 급증하는 세균 재문에 우리 아이 건강도 걱정입니다.”라는 문구는 시원하게 내리는 빗속에서 즐겁게 놀고 있는 아이의 모습을 보면서도 눈에 보이지 않는 ‘세균’을 생각하라고 요구하죠.

이런 방식으로 우리는, 눈에 안 보이는 병원균, 공기에 섞여 있는 공해 물질, 음식을 통해 섭취되는 수많은 화학 물질, 우리 몸에 나쁜 영향을 끼치는 전자파, 최근에는 인체에 치명적 해를 끼치는 방사능의 불안을 의식하고, 걱정하며 살아가고 있어요. 악마나 신이 내리는 저주는 두려워했지만, 인간의 눈에 보이도록 창조된 자연은 신뢰하고 안심하며 살아가던 이전 시대 사람들과 비교해 보세요. 왠지 오늘날 우리의 처지가 더 행복한 것 같지는 않네요.

다른 한편, 시각 도구가 우리 눈에 보이지 않는 것들을 보이게 해 준다는 생각은 역설적이게도 신비주의적인 믿음과 생각들을 퍼뜨리고, 확신하게 하는 데 기여하고 있어요. '심령사진'에 대해 들어 보았나요? 찍을 때는 몰랐는데 사진을 현상하고 보니, 어떤 인물이 함께 찍혀 있다는 사진들이요. 졸업 사진을 찍고 현상해 보니 예전에 죽은 학생의 모습이 같이 찍혀 있었다는 이야기들은 다양한 버전으로 떠돌고 있지요. 사람 눈에는 보이지 않고 비디오카메라에만 찍히는 유령이 등장하는 영화도 있지요.

이런 종류의 사진들은 고전적인 귀신이나 유령에 관한 이야기보다 더 무섭게 느껴집니다. 왜 그럴까요? 사진이나 비디오카메라 같은 근대적 시각 도구가 망원경이나 현미경처럼 맨눈에는 보이지 않는 것을 포착해 보여 준다는 지극히 '합리적이고 근거 있는' 확신이 작동하고 있기 때문이에요.

이런 심령사진의 역사는 의외로 오래되었답니다. 빌헬름 뢴트겐이 인간 신체 내부의 뼈를 보여 주는 X선을 발견한 이듬해인 1896년, 프랑스의 신경 의학자 이폴리트 바라뒤크는 사진이 영혼을 포착하고 분류하는 데 활용될 수 있다고 믿었어요. 빛에 민감한 사진의 감광판이 사람의 눈에는 보이지 않는 '영혼의 빛과 운동'(그는 이를 '아우라'라고 불렀어요!)을 포착해 보여 줄 수 있다고 생각했기 때문이에요.

이폴리트 바라뒤크가 찍은 사진. 영혼의 빛과 운동인 아우라를 보여 준다고 믿었다.

그가 쓴 『인간의 영혼, 그 움직임, 그 빛, 그리고 비가시적 유동체의 이코노그래피』라는 책에는 그가 찍었다는 아우라 사진들이 실려 있어요. 위의 사진은 죽은 꿩을 안고 있는 자기 아들의 사진이에요. 그는 사진 표면에 펼쳐져 있는 뿌연 빛의 흔적이 꿩의 죽음을 슬퍼하는 아들 영혼의 아우라가 찍힌 것이라고 보았죠.

그는 이 책에서 악몽을 꿀 때의 아우라, 최면이나 수면 상태의 아우라 등 정신적 상태에 따라 달라지는 다른 아우라 사진들도 소개하고 있어요. 진지한 과학자였던 그에게 사진은 육안에는 보이지 않는 아우라를 포착해 보여 주는 매체였던 것이죠.

사진은 우리의 시선을 어떻게 바꾸었나

망원경이나 현미경만큼이나 세상을 바라보는 우리의 시선을 크게 바꾸어 놓은 시각 매체가 바로 사진입니다.

테오도르 제리코라는 프랑스의 화가가 있습니다. 난파된 메두사호의 생존자들이 죽음의 공포를 겪으며 뗏목 위에서 구조를 기다리는 유명한 그림 「메두사의 뗏목」을 그린 화가지요. 특이하게도 그는 말을 즐겨 그리기도 했는데요, 서 있는 말, 무리 지어 있는 말, 경마장의 말 등 그는 상당히 많은 말을 그림으로 그렸어요.

제리코는 1821년에는 근대 경마장에서의 말의 모습도 그렸어요. 「엡섬의 더비 경마」라는 그림인데요, 엡섬 더비는 1779년에 첫 경기가 열린 뒤 오늘날까지도 운영되고 있는 영국에서 가장 유명한 경마 경주 이름이지요. 이전부터도 말의 모습을 즐겨 그리던 제리코는, 결승점을 향해 전력으로 달려 나가는 말의 모습에 큰 매혹을 느꼈던 것 같아요.

여기서 잠시 말의 보법에 대해 알아보기로 해요. 말이 걷거나 달리는 방법은 그 방식과 속도에 따라 평보(平步), 속보(速步), 구보(驅

테오도르 제리코, 「엡섬의 더비 경마」, 캔버스에 유채, 91×122cm, 1821년, 프랑스 파리 루브르 박물관.

步), 습보(襲步)의 네 종류로 나눕니다. 평보(walk)는 말이 보통 걷는 걸음으로, 왼쪽 뒷발, 왼쪽 앞발, 오른쪽 뒷발, 오른쪽 앞발의 순서로 네 다리를 차례차례 내딛는 가장 편한 걸음이에요. 그보다 조금 빠른 게 속보(trot)로, 오른쪽 앞발과 왼쪽 뒷발이 동시에 지면을 뜨고, 왼쪽 앞발과 오른쪽 뒷발이 동시에 착지하는 2박자 걸음걸이예요. 구보(canter)는 기마 부대 등이 행진할 때 걷는 방법으로, 다그닥 다그닥 3박자의 소리를 내죠. 말이 전속력으로 달릴 때의 보법을 '엄습하다'의 한자어 '습(襲)'을 사용해 습보, 영어로 'gallop'이라고 불러요. 이 보법으로는 1분에 960m 이상을 달린다니, 대단하죠?

먼저 결승선을 끊는 자가 승리하는 경마장에서, 말은 어떤 보법으로 달릴까요? 당연히 습보지요. 그러니 제리코의 「엡섬의 더비 경마」는 습보로 달리는 말의 모습이에요. 제리코는 이 그림을 그린 다음 해에도 전속력으로 달리는 말의 석판화를 제작합니다. 「엡섬의 더비 경마」에서처럼 석판화에서도 말의 앞다리는 달려 나가는 방향으로 쭉 내닫고, 지면을 박차고 튀어 오른 뒷다리는 뒤쪽을 향해 힘있게 뻗고 있어요.

그런데, 제리코가 그린 이 그림들에는 '문제'가 있었어요. (아니 어쩌면 '문제'라는 말은 어울리지 않을지도 모르겠네요. 사람들이 이 그림에서 지면을 박차고 전속력으로 달려 나가는 긴장된 말의 속도감을 느낄 수 있다면 이 그림은 예술로서의 소임은 다한 셈일 테니까요.) 여기서 말하는 '문제'란 습보로 달리는 말의 모습과 관련되어 있어요. 앞의 그림에 나오는 말을 자세히 보세요. 마치 허들 경주자가 장애물을 넘듯, 아니면 개구리가 도약하듯, 말의 앞발과 뒷발이 앞뒤로 쭉 뻗어 있어요. 그런데 습보로 달릴 때 말의 다리가 정말 이런 모습일까요?

인류는 이미 기원전부터 야생마를 길들여 이동 수단으로 활용해 왔어요. 인간이 말을 타고, 이용해 온 역사는 수천 년이 넘었다는 거예요. 그런데 수천 년 동안 말을 보고, 또 타 오면서도 가장 빠른 속도로 달릴 때 말의 다리 모습이 어떤지를 정확히 본 사람은 하나도 없었어요. 너무 빨라서 사람의 시각으로 그 순서나 모양을 분간할 수 없기 때문이에요.

습보로 달릴 때 말의 다리가 정확히 어떤 모습인지 밝혀진 것은, 제리코가 「엡섬의 더비 경마」를 그린 지 57년이 지난 1878년이에요. 어떻게 알게 되었을까요? 사진 덕분이었죠. 당시 사람들은 전속력으로 달리는 말의 네 발이 정말 동시에 땅에서 떨어져 있을까를 놓고 논란을 벌였어요. 그때까지 모든 화가는, 앞발과 뒷발을 앞뒤로 쭉 뻗은 채 나는 듯한 모습으로 말을 묘사해 왔지만, 왠지 실제 달리는 말의 다리는 다른 모습이라는 의심이 제기되고 있었기 때문이죠.

마침내, 1872년 사업가이자 경마장 소유자인 릴런드 스탠퍼드가 이 질문에 최종적인 해답을 구하려고 마음먹었어요. 에드워드 머이

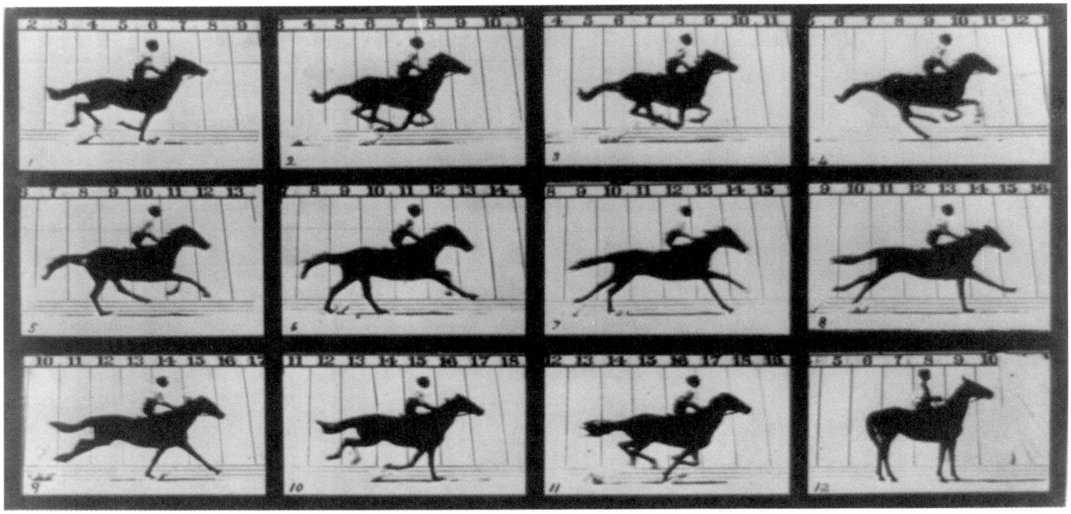

「움직이는 말(The Horse in Motion)」 머이브릿지가 촬영한 달리는 말의 모습이다.

브릿지라는 사진사를 고용하죠. 머이브릿지는 영화 기술의 전신이라 할 수 있는 '주프락시스코프(zoopraxiscope)'를 발명해, 움직이는 동물이나 사람의 연속 동작을 촬영해 오고 있었거든요. 머이브릿지는 경마장 트랙에 카메라 여러 대를 설치하고, 말이 그곳을 지나칠 때마다 자동으로 셔터가 열리는 방식으로, 습보로 달리는 말을 연속으로 촬영하는 데 성공했어요. 1878년 6월의 일이었어요.

「움직이는 말(The Horse in Motion)」이라는 이름으로 발표된 이 사진을 통해 그때까지의 논란이 결국 정리되었어요. 이 사진은 습보로 달리는 말의 네 발이 동시에 지던에서 떨어져 있을 때가 있다는 것을 알려 주었어요. 그런데, 그 순간 말의 다리는, 제리코의 그림과는 달리, 날아가듯 양다리를 앞뒤로 쭉 뻗고 있는 대신, 몸 쪽으로 당겨 모으고 있었지요. 그러니까 결과적으로 제리코가 그린 말의 모습은 절반만 '사실'에 들어맞는 셈이었지요. 말이 달릴 때 네 발을 다 땅에서 떼고 있을 때가 있다는 것은 맞지만, 그때 말의 다리는 그림에서처럼 앞뒤로 뻗은 모습이 아니라 서로 끌어당긴 모습이어야 했던 거죠.

시선은 변한다

여기서 중요한 질문 하나를 던져 봅시다. 그렇다면 제리코가 그린 달리는 말의 모습은 어디서 온 것일까요? 사진도 없던 시절, 그렇다고 맨눈에 보이지도 않는 습보로 달리는 말의 다리 모습을 그는 어떻게 '보고', 어떻게 그릴 수 있었던 것일까요? 경마장에서 달리는 말의 모습을 보았을 때 제리코가 '보았던' 것은 무엇일까요? 제리코가, 맨눈으로는 분간할 수 없을 만큼 빠른 말의 다리를 저런 모습으로 보았을 때, 그의 시선에 영향을 주었던 것은 무엇일까요? 그때 그는 누구의 시선으로 보았던 것일까요? 맞아요. 그건 달리는 말의 모습을 '보아 왔던' 그 이전 사람들의 시선이었죠.

제리코 이전에도 사람들은 달리는 말의 모습을 보고, 그림으로 그려 왔습니다. 말과 함께한 역사가 오랜 만큼 말을 그린 그림의 역사는 꽤 오래되었지요. 지금도 남아 있는 말 그림 중에는 기마 부대가 벌이는 전쟁 장면이나 영웅들이 말을 타고 있는 모습이 많아요. 이런 그림에서 등장하는 말은 많은 경우, 날아오르듯 앞발을 앞쪽을 향해 번쩍 들고 도약하는 모습이에요. 가만히 서 있는 말이 아니라 달려 나가는 말의 역동성을 보여 주기 위해서였겠죠.

화가 제리코는 어렸을 때 우연히 마주친 책이나 그림을 통해, 아니면 화가 수업을 받을 때, 의식적이건 무의식적이건 이런 그림들에서 드러나는 이전 시대 사람들이 본 말의 모습을 많이 보았을 거예요. 그리고 그가 보았던 그 말의 모습들은, 1821년 경마장에서 달리는 말을 바라보는 그의 시선에까지 영향을 주었던 것이지요.

달리는 말의 다리를 바라본 그의 시선에는,

고대 그리스의 도기(왼쪽 위), 기원전 140년 무렵에 만들어진 청동 조각상(옆), 디에고 벨라스케스의 「말을 탄 발타사르 카를로스 왕자」(1634~1635년 작품, 오른쪽).

달리는 말을 보았던 이전 시대 사람들의 시선이 수백 년의 시간을 관통해 작용하고 있었던 셈이지요. 말을 보았던 것은 제리코라는 화가 한 명의 시선이지만, 거기에는 과거 말을 보았던 사람들의 공동체적 시선이 함께 힘을 발휘하고 있었던 것이지요.

미술의 역사, 더 구체적으로 스타일 혹은 양식의 역사는 어찌 보면 이런 공동체적 시선의 역사라고도 말할 수 있답니다. 이전 시대 사람들이 가진, 사물을 보는 시선은, 그들이 제작한 사물들의 이미지를 통해, 수십 년 아니 수백 년 동안이나 이후 사람들이 사물을 보는 방식에 영향을 끼치는 것이지요. 오랜 시간 동안 지속되는 특정한 양식과 표현 형식들은 그 오랜 시간을 거쳐 이어지는 시선의 역사성을 증명하는 셈이지요.

우리는 나 혼자만의 눈으로 세상의 사물들을 보고 있다고 생각합니다. 그러나 우리가 사물을 보는 방식에는 알게 모르게, 과거의 시선들이 함께 작동하고 있어요. 본다는 것이 (의식적 혹은 무의식적인) 앎과 뗄 수 없이 결합되어 있기 때문이지요.

사진은 이러한 시선의 역사성에 중대한 단절을 가져왔습니다. 역사적으로 이어진 시선으로 세상의 사물들을 보고 그리던 화가들은, 사진이 발명된 이후에는 어떤 식으로든 사진이 전해 주는 사물의 모습에 의거하지 않을 수 없게 되었어요. 사진을 통해 습보로 달리는 말의 다리가 어떤 모습을 하고 있는지 '알게' 된 후, 화가들은 이제,

달리는 말을 제리코와는 다른 시선으로 볼 수밖에 없게 되었어요. 화가들은 전승되던 과거의 시선을 버리고, 사진이 찍어 주는 대상의 이미지에 의거해 사물을 바라보기를 선택한 것이죠. 달리는 말의 그림이 제리코가 그렸던 말의 모습과는 달라진 건 당연한 귀결이겠지요?

사진은 화가들뿐 아니라 우리들의 시선에도 커다란 영향을 끼치고 있어요. 사진은 이전 같으면 도저히 볼 수 없었을 사물들의 모습을 보여 주지요. 인간의 맨눈으로는 볼 수 없던 것들, 예를 들어 우리 피부의 표면, 곤충의 겹눈, 식물 세포 등을 확장해서 보여 줍니다. 저속 혹은 고속 촬영 기법은 시간 속에서 이루어지는 움직임들, 예를 들어 꽃이 피고 지는 모습, 해가 뜨고 지는 과정, 알에서 동물이 부화하는 장면, 심지어 권총 탄환이 날아가 박히는 모습까지 보여 주어요. 그뿐인가요? 카메라 덕분에 우리는, 우리가 살고 있는 지구의 모습을 지구 바깥에 있는 관찰자의 시선으로도 볼 수 있게 되었어요.

사진이 제공하는 이 모든 이미지들은, 세상을 바라보는 우리의 시선을 변화시키죠. 사진이 없던 시절 사람들이 자신의 몸, 곤충이나 식물을, 하늘의 별과 달을 바라보던 시선과 오늘날 우리의 시선은 전혀 다를 수밖에 없죠. 본다는 것은 이렇게 역사적인 성격을 갖고 있답니다.

이처럼 시각 도구는 세상을 보는 우리의 시선에 큰 영향을 끼쳤어요. 아니, 어찌 보면 시각 도구들은 우리가 세상을 본다는 것에 깊숙하게 개입하고 있지요. 그것은 보이는 것과 보이지 않는 것의 경계를 바꿈으로써 세상을 보는 우리 맨눈의 시선도 변화시켰으며, 그전까지 맨눈으로 보이지 않던 것들을 '보이게' 함으로써 세상에 대한 우리의 지각 방식도 바꾸어 놓았던 것입니다.

구글 글래스

'구글 글래스'라는 새로운 도구를 통해, 우리는 가상공간까지 볼 수 있게 되었다.

2012년 7월 28일 구글은 또 하나의 혁신적인 도구 하나를 내놓았어요. 이름 하여, 구글 글래스. 구글 글래스는 안경처럼 차고 다니는 일종의 초소형 컴퓨터 장치예요. 마이크와 카메라, 터치패드 등의 인터페이스를 장착하고 있고, 손가락으로 터치하거나 목소리로 명령을 내리면 여러 가지 기능을 하죠. 카메라로 사진을 찍거나, 동영상을 촬영하기도 하고, 인터넷에서 정보를 검색해서 안경에 달린 프리즈마 스크린으로 보여 주기도 하죠.

이 구글 글래스가 일상화된다면 우리 삶에, 특히 이 책의 주제인 본다는 것과 관련해서는 어떤 변화가 일어날까요?

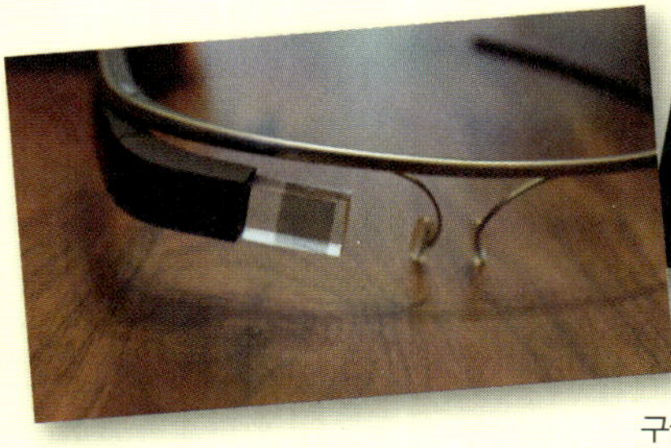

구글 글래스(왼쪽)와 구글 글래스에 대해 설명하고 있는 구글의 공동 창업자 세르게이 브린(오른쪽).

무엇보다 스마트폰에 의한 시선의 장악이라는 문제는 해결할 수 있을 것 같아요. 구글 글래스를 사용하면 스마트폰을 꺼내기 위해 굳이 손을 사용하지 않고도 모든 정보를 얻고, 앞을 보며 걸어가면서 그 정보를 활용할 수 있으니까요. 이렇게 된다면 친구들과 같이 있는 곳에서도 혼자 스마트폰을 들여다보는 대신, 그들의 얼굴을 바라보며 스마트폰으로 했던 모든 일들을 할 수 있게 되겠지요.

또 하나, 구글 글래스는 사물들을 보고 이해하는 데 있어서의 문화적 경계를 넓혀 줄 것 같아요. 오늘날 문화의 세계화와 인터넷 덕분으로 워낙 많은 정보들을 공유할 수 있어요. 그게 도무지 무엇인지 모를 사물을 처음 접할 기회가 사라졌다는 것이죠. 무엇인지 모르면 금방 '검색'해 보면 되니까요. 인터넷은 어떤 낯선 사물이나 물건을 볼 때의 우리의 태도를 바꾸어 놓았어요. 이전 사람들이 그들이 아는 지식과 앎을 이용해 그 대상을 '이해'하고 '해석'하려 시도했다면, 우리는 바로 인터넷을 검색해 볼 테니까요.

구글 글래스가 눈앞에 있는 사물을 보는 즉시 검색해 알려 준다면 어떻게 될까요? 우리가 어떤 사물을 보는 순간 즉시 그것이 '무엇'인지에 대한 정보를 얻을 수 있다면? 보는 데 있어서의 문화적, 사회적 차이가 이처럼 인류 전체가 공유하는 보편적 앎과 지식으로 대체된다면, 아마도 코뿔소 표피를 기사의 갑옷처럼 묘사하는 일은 일어나기 힘들겠지요!

'잘' 본다는 것

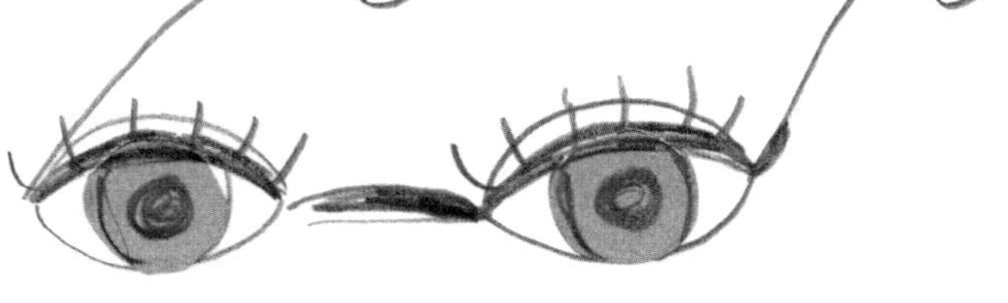

이처럼 무엇인가를 보고, 이해하고, 그로부터 무엇인가를 읽어 내는 과정은 나 혼자의 눈과 두뇌만으로 이루어지는 것이 아니에요. 우리의 의식적이고 무의식적인 앎이, 세상을 보아 왔던 과거 사람들의 시선이, 새로운 시각 도구가 보여 주는 세상의 모습이 우리의 눈과 두뇌의 중간쯤에 자리를 잡고는 세상을 보는 우리의 시선에 끊임없이 영향을 주는 것이지요.

내가 무언가를 보게 해 준 것도, 내가 보는 무언가를 마련해 준 것도, 그 무언가를 어떻게 보아야 하는지 알려 주고, 그를 다르게 보는 도구를 제공해 준 것도 내가 속한 공동체입니다. 그러니 본다는 건 결코 순전히 개인적인 일이 아니에요.

무엇인가를 보는 행위는 다른 사람들과 함께 사는 사회 속에서 이루어지고, 나의 눈은 하늘과 나무, 달과 바다뿐만이 아니라 그 사회를 이루고 있는 다른 사람들에게도 향해 있으며, 우리는 내가 보는 걸 다른 사람들과 '함께 보고' 싶어 하죠. 그렇기 때문에 본다는 건 사회적 문제들과도 깊은 관련을 맺고 있어요. 이 장에서는 그에 대해 생각해 보기로 해요.

봄으로써 보지 않는 것, 봄으로써 하지 않는 것

'본다는 것'은 필연적으로 '보지 않는 것'을 함축하고 있어요. 우리는 무엇인가를 '보면서' 어쩔 수 없이 다른 무엇인가를 '보지 않는다'는 말이에요.

거리를 걸어가는 누군가의 뒷모습을 보고 친구인 줄 알고 이름을 불렀다가 창피를 당한 적이 없나요? 당연한 말이지만 우리가 뒷모습을 볼 때 앞모습은 '보지 못하기' 때문에 생겨나는 일이죠. 뒷모습과 앞모습을 동시에 다 볼 수 있다면, 아니면 뒷모습과 앞모습이 똑같다면 이런 실수는 하지 않을 텐데 말이에요. 앞모습과 뒷모습을 한꺼번에, 동시에 볼 수 없다는 것, 사람이건 사물이건 그것의 '모든 면'을 단 한 번에, 총체적으로 볼 수 없다는 것이 우리의 시선이 지닌 숙명이에요.

그런데 우리의 시선이 지닌 이런 한계는 좋은 점도 있어요. 단 한 번에 모든 면을 다 볼 수 없으니 좋아하고 관심 가는 사람이나 사물을 그만큼 여러 번, 자주 보아야 하겠지요. 자주 볼수록 이전에는 보지 못했던 면들을 조금씩 더 보고 알게 돼요. 딱 한 번 보고서 그 대상의 모든 면을 알 수 있다면 어떨까요? 우리는 사람이나 사물에 대해 좀 더 알고자 하는 호기심을 갖지 않을 테고, 그러면 세상은 재미없는 곳이 될 거예요.

한 번에 전부를 볼 수 없다는 한계가 오히려 세상과 우리의 관계를 풍요롭게 하기 위해서는, 필요한 것이 있어요. 바로 우리의 열린 태도예요. 처음 보았을 때 우리가 본 것이 그 사람, 그 대상의 모든 것이라며 성급하게 결론 내리지 않는, 처음 보았을 때 우리에게 보이는 모습이 그 대상의 '바로 그러함'이라고 받아들이지 않는, 개방적인 마음가짐 말이에요.

앞을 보는 한 여인으로도, 마주보는 두 여인으로도 보이는 그림 기억나죠? 처음 봤을 때 보였던 것을 이 그림의 전부라고 여기고, 그와는 다른 시선, 다르게 보기를 시도하지 않는다면, 그 그림 속에 담겨진 다른 모습은 결코 보이지 않을 거예요. 피카소의 「바이올린」을 '바이올린'으로 혹은 '쇳조각'으로 보는 것도 마찬가지지요.

본다는 것이 우리의 '앎'과 관련되어 있기에, 보고 있지만 보고 있음으로 해서 보지 못하는 것이 있음을 생각하는 것, 당장 우리 눈에 보이는 것이 세상의 전부가 아니라는 사실을 의식하는 열린 마음가짐은 더욱 중요한 윤리적 덕목이겠지요.

본다는 것은 또한 '하지 않음'을 함축하고 있어요. 무엇인가를 보려면 우리는 다른 행동을 중단하고 멈추어야 해요.

길을 가다 벽에 붙은 포스터를 보려면 그 앞에 멈추어 서는 것처럼, 텔레비전에 좋아하는 연예인이 나오면 하던 일을 멈추고 보는 것처럼, 자세히 보기 위해서는 하고 있던 행동을 중단해야 합니다.

보는 동안 다른 행동을 하지 않아야 하지요. 보는 것과 행동하는 것 사이의 이러한 관계는 보는 것을 둘러싼 많은 윤리적 질문들의 출발점이기도 해요.

예를 들어 길을 가는데 누군가 곤란한 상황을 겪는 모습을 보았을 때를 생각해 봐요. 그에게 도움을 주려면 우리는 그를 '보고 있기만' 해서는 안 되겠지요. 보기를 멈추고 우리의 몸을 움직여 어떤 구체적인 행동을 해야 하지요.

이 문제와 관련된 충격적인 사건 하나가 있었어요. 뉴욕의 지하철역, 한 사람이 지하철을 기다리고 있는 누군가에게 시비를 걸다가 그를 철로에 밀어 떨어뜨렸어요. 철로에 떨어진 남자는 결국 정지하지 못한 지하철에 치여 목숨을 잃었지요. 공교롭게도 그는 미국에 사는 한국인 교포였어요.

철로에 떨어졌을 때 그는 지하철이 들어오기 전 난간 위로 올라오려 혼신의 힘을 다하고 있었어요. 분명, 당시 현장에는 지하철을 기다리던 다른 사람들도 있었을 텐데, 어찌된 영문인지 선뜻 그를 도와주러 나서는 사람이 없었어요. 분명 곤란에 처한 그의 모습을 '보고' 있었을 텐데, 너무 경황이 없고 당황했기 때문일까요? 사람들은 그 모습을 '보면서', 그 '보기'를 멈추고 그를 철로 위로 끌어올려 주는 '행동'을 하지 못하고 있었죠. '보는 것'이 행동으로 전환되기 위해 중단되는 대신, '하지 않음'과 결합된 '보기만 함'이 지속되고 있

NEW YORK POST Page Six

TUESDAY, DECEMBER 4, 2012 / Cloudy, 67 / Weather: P. 42 LATE CITY FINAL www.nypost.com $1.00

Pushed on the subway track, this man is about to die

DOOMED

Ki Suk Han of Queens, hurled to the tracks, tries to climb to safety yesterday as a train bears down on him in Midtown. He was fatally struck seconds later. PAGES 4-5

「뉴욕 포스트」 1면에 실린 사진. 기자는 이 사진을 찍기 위해, 위험에 빠진 남자를 구하려는 행동을 하지 않았다.

었던 것이죠.

그런데, 행동 없는 '보기만 함'의 문제를 더 증폭시킨 건 바로 다음에 일어난 일이었어요. 우연히 그 현장에는 마침, 「뉴욕 포스트」라는 신문의 기자가 있어요. 그는 가지고 다니던 카메라를 꺼내 들고는, 멈추지 못하고 달려오는 전철을 바라보며 공포에 떠는 남자의 모습을 촬영했던 것이지요.

그가 찍은 사진은 다음 날 「뉴욕 포스트」의 1면 톱기사로 실리게 되었어요. "지하철 트랙에 밀려 떨어진 이 남자는 곧 죽을 것이다"라는 매우 선정적인 제목과 함께요.

여러분, 이 사건을 어떻게 생각하나요? 이 기자는 철로에 떨어진 남자에게 카메라를 들이대는 대신, 그에게 달려가 손을 내밀었어야 하는 것이 아닐까요? 저 사진은 그를 찍은 기자가 보기 위해, 나아가 보여 주기 위해, 행동을 하지 않았다는 것을 증명하고 있지 않나요?

타인의 고통을 본다는 것

이 사진은 충격과 더불어 우리에게 어떤 '수치심'을 느끼게 하지 않나요? 어떤 수치심이냐고요? 마땅히 해야 할 일을 하지 않고 그저 보고만 있었을 때 우리는 우리 자신에 대한 수치심을 느껴요. 마땅히 해야 할 일을 못 하고 보고만 있어야 했을 때 느끼는 절망감도 그와 비슷한 감정이지요. 이런 감정을 느낄 수 있다는 건 우리가 윤리적 존재임을 증명하는 것이지요.

그런데, 죽어 가는 사람을 구하지 않고 사진을 찍었던 건 저 기자인데 왜 우리가 이런 감정을 느끼게 되는 걸까요? 그건, 그 기자가 그렇게 행동했던 까닭이 저런 종류의 자극적 사진을 '보고 싶어 하는' 우리의 욕구 때문이 아닐까라는 의식 때문이에요.

분명 본다는 것은 쾌락과 관련되어 있어요. 우리는 사물과 세상을 새롭게 알고 만나기 위해서만 보지 않아요. 우리는 '즐기기 위해' 보기도 하죠. 김연아 선수의 멋진 피겨스케이팅을 보는 건 그것이 무엇인지 '알기' 위해서가 아니라, 그 우아한 동작과 멋진 테크닉을 보고 즐기기 위해서죠. 지평선에서 붉게 타오르는 해를 바라보는 것도, 친구들과 함께 간 여행지에서 멋진 겨울 바다의 풍경을 보는 것도 마찬가지겠죠? 영화를 생각해 보세요. 영화는 스펙터클한 전투 장면을, 스릴 넘치는 자동차 추격전을, 광활한 우주 공간을 보여 줌으로써 그런 장면을 보고 싶어 하는 우리 시선의 욕구를 만족시켜 주지요.

우리의 시선에는 무엇인가 아름답고, 흥미롭고, 긴장되는 장면들을 보고 싶어 하는 욕구가 있는 것이 분명합니다. 영화뿐 아니라 오늘날의 신문, 인터넷 같은 대중 미디어들은 이러한 우리 시선의 욕구를 자극하고 충족시키는 수많은 사진과 영상들을 만들어 내고 있어요. 어떤 것들은 이전에는 꿈도 꿀 수 없었던 다양한 세계의 모습을 보여 줌으로써 우리의 시선을 놀랄 만큼 확장시켜 줍니다. 이전 같으면 평생 한 번도 보지 못할 장소나 사람, 사건들을 마치 내 옆에서 일어난 일인 듯 거의 실시간으로까지 '볼 수' 있게 해 주니까요. 뒤에서 이야기하겠지만 이것은 세상 사람들과의 새로운 공동체적 감성을 형성하게 하는 조건이기도 해요.

하지만 이렇게 넘쳐 나는 시각적 이미지들 중에는, 앞의 「뉴욕 포스트」의 사진처럼 우리에게 어떤 윤리적 물음을 던지게 하는 것들도 적지 않습니다. 예를 들어 고통받고 있는 사람들의 모습을 보여 주는 이미지들이 있어요. 가난과 빈곤 때문에 굶거나 죽어 가는 사람들, 혹은 지금 이 글을 쓰는 순간 시리아에서 일어나고 있는 끔찍한 내전에 휘말려 희생된 아이들……. 신문과 뉴스에서 사진으로, 동영상으로 우리에게 다가오는 그 장면들은 우리가 배부르게 밥을 먹고, 편하게 잠을 자는 동안에도 세상 저편에서는 수많은 사람이 고통받고, 신음하며 죽어 가고 있음을 보여 주지요.

영국의 작가이자 비평가인 존 버거의 표현을 빌리자면 이런 사진들은 '우리를 갑자기 멈춰 서게 하고', '우리로 하여금 그것들에 붙잡히게' 합니다. 그런 사진들을 들여다보게 되면, '타인이 당하는 고통의 순간이 우리를 집어삼키기' 때문이죠. 우리의 마음은 절망, 또는 분노 둘 중 하나로 채워지는데, 이 감정은 우리에게 어떤 행동을 요구하면서, 앞에서 말했던 '보는 것'과 '하지 않음'의 윤리적 문제를 제기하죠. 저렇게 고통받는 사람들의 모습을 우리는 어떻게 보아야 할까? 우리가 그 모습을 '보기만 하는' 건 옳은 일일까? 아무 행동도 할 수 없다면 그냥 보지 않는 것을 택해야 할까?

미국의 작가 수전 손택이 쓴 『타인의 고통』이라는 책은 바로 이 문제를 다루고 있어요. 사진과 저널리즘이 우리에게 제기하는 본다는 것의 윤리적 문제들 말이에요. 아프리카와 아시아의 고통받는 사람들이 때로는 아름답게, 때로는 이국적 풍경과 더불어 찍힌 사

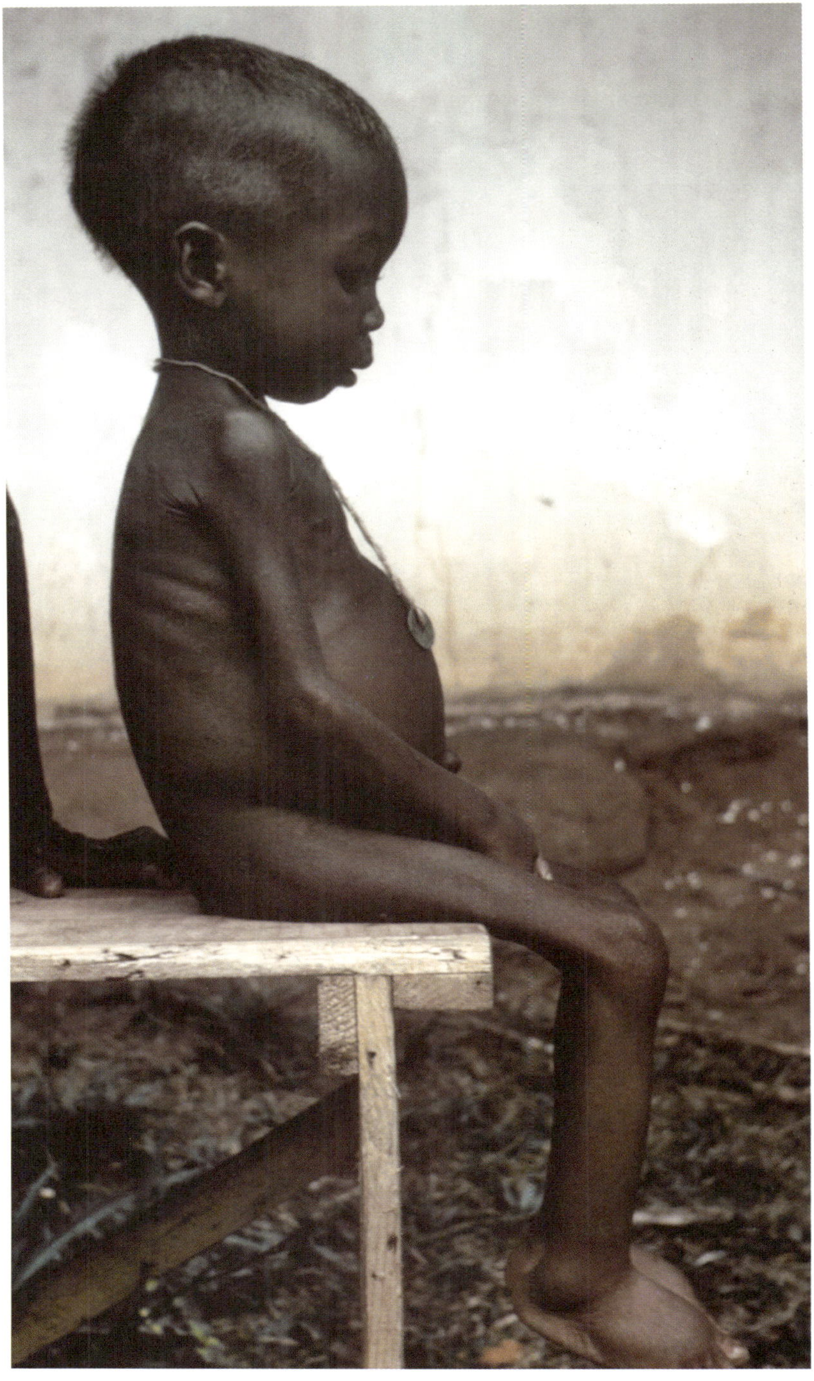

굶주린 아프리카 소녀를 보여 주는 사진. 이런 사진들이 보여 주는 타인의 고통을 우리는 어떻게 받아들여야 할까?

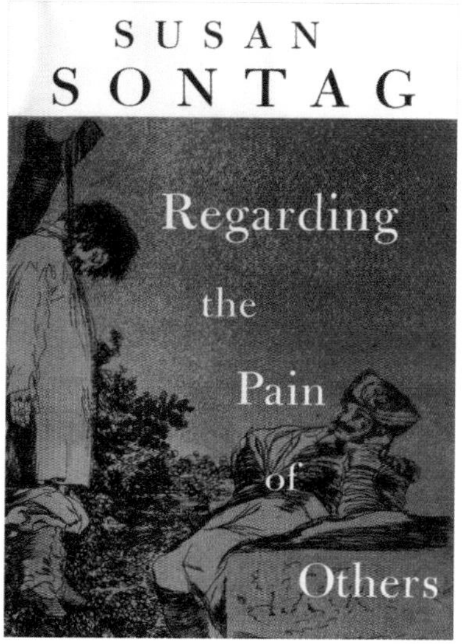

수전 손택이 쓴 『타인의 고통』 표지. 편안히 기대 누운 자세로 목 매달린 사람을 바라보는 표지 그림이 인상적이다.

진들이 있습니다. 이 사진들은 세계의 비참함을 알리고 구원과 원조를 이끌어 낸다는 선한 의도가 있다 하더라도, 결과적으로 우리를 윤리적 무력감이나 혼란스러움에 빠져들게 하는 경우가 많아요.

그런 사진들은 엄청나고 되돌릴 수 없고, 대단히 광범위한 고통이나 불행을 상기시켜 주지요. 그러나 그 사진들이 그 끔찍한 사건의 원인을, 그 사건이 일어나게 된 사회, 정치적 배경을 다 보여 줄 수 없기에 그 자체로는 추상적인 고통 외에는 아무것도 이야기해 주지 않아요. 그래서 이런 사진들은 우리로 하여금 기껏해야 "고작 연민의 늪에 빠져 허우적댈 수밖에 없"게 만들어요.

그런 사진들을 보고 연민을 느끼는 게 나쁜 일인가요? 연민을 느끼고 구호나 모금 활동에 참여한다면 좋은 일 아닐까요? 물론, 그래요. 고통받는 사람들을 돕는 구호단체에 여러 방식으로 도움을 주는 일은 그런 장면을 불편해하며 아예 외면하는 것보다는 실천적인 선택입니다. 하지만 우리에게 생겨나는 연민의 감정은 한번 곰곰이 생각해 볼 필요가 있어요.

연민이란 누군가가 부당하게 고통받고 있는 것을 볼 때 생겨나는 감정입니다. 그들이 받는 고통과 불행이 나에게도 닥쳐올 수 있다고 의식하는 순간 연민은 공포로 바뀌기도 하지요. 그런데 "저런 일이 나에게 일어나지는 않을 거다. 나는 아프지 않다. 나는 아직 죽지 않는다, 나는 전쟁터에 있지 않다."라며 그들의 삶과 나의 삶을 분리하게 되면, 연민은 쉽사리 '그럴싸한 만족감'이 될 수 있어요.

아프리카, 이집트, 시리아 등에서 일어나는 장면을 보면서 '저런 미개하고 뒤떨어진 나라에 살지 않은 것이 다행이다.'라고 생각하는 순간, 그 고통을 그들의 탓으로만 돌려 버리는 순간 그런 사진들은, 우리는 고통스럽지 않다는 걸, 우리는 상대적으로 행복하다는 걸 확인해 주는 것으로 그쳐 버리죠.

그렇다면 이런 사진들이 보여 주는 타인의 고통을, 우리는 어떻게 보고 어떻게 대해야 할까요? 수전 손택은 이렇게 말합니다.

> 특권을 누리는 우리와 고통을 받는 그들이 똑같은 지도상에 존재하고 있으며 우리의 특권이 (우리가 상상하고 싶어 하지 않는 식으로, 가령 우리의 부가 타인의 궁핍을 수반하는 식으로) 그들의 고통과 연결되어 있을지도 모른다는 사실을 숙고해 보는 것, 그래서 전쟁과 악랄한 정치에 둘러싸인 채 타인에게 연민만을 베풀기를 그만둔다는 것, 바로 이것이야말로 우리의 과제이다.
>
> —수전 손택 『타인의 고통』(이재원 옮김, 이후) 중에서

내가 보는 사진 속에서 고통받고 있는 사람들은, 사실상 나와 같은 이 지구상에 살고 있는 사람들이지요. 그들과 나 사이에는 머나먼 거리가 있지만, 사실상 그들의 삶의 환경은 다양한 방식으로 우리의 삶과 연결되어 있을 수 있어요.

예를 들어 우리가 값싸게 커피를 사 먹을 수 있는 특권은, 어쩌면 저 나라의 가난한 사람들이 말도 안 되는 품삯을 받으며 노동을 하고 있기 때문일 수도 있죠. 저 사람들이 부족한 식량과 자원으로 겪는 고통은 우리가 누리고 있는 풍부한 에너지와 관련되어 있을 수 있다는 것이지요.

이런 상황이 사회, 정치적으로 얽혀 있는 오늘날의 세계 경제 체제와 관련되어 있다는 사실을 안다면 우리는, 그저 연민만 베풀고 있기보다는, 이 문제를 해결하기 위해 어떤 작은 실천들을 할 수도

있어요. 불공정 무역으로 악명 높은 기업들의 물건을 되도록 구입하지 않는다거나, 비용과 에너지를 적게 활용하면서도 사람들의 삶에 큰 도움을 줄 수 있는 적정 기술 연구 단체에 작은 후원금을 보낸다거나 하는 일들 말이에요. 생각해 볼 만하지요?

스마트 폰과 소셜 네트워크 시대에 본다는 것의 의미

이 포스터를 본 적이 있나요? 건물에 화재가 났을 때 트위터에 사진을 올리려 하지 말고 신속히 건물을 빠져나가라는 농담 같은 경고

불이 났을 때 트위터에 올리려 하지 말고 빨리 건물을 빠져나가라는 경고를 담은 포스터.

문이에요. 수많은 사람이 카메라가 장착된 스마트폰을 들고 다니게 되면서, 우리는 우리가 보는 모든 것을 사람들과 공유하려는 욕망을 갖게 되었습니다. 내가 먹는 음식, 길을 걷다 마주치는 풍경이나 사건들을 찍어 카카오스토리나 트위터, 페이스북에 올리고, 친구들의 '좋아요'나 멘트를 받고, 그에 대해 함께 이야기 나누는 건 우리 시대에 빼놓을 수 없는 중요한 사회생활이 되었지요. 나의 삶에 대해, 나의 일상에 대해 다른 사람들과 공유하고 이야기 나누려는 욕구가 큰 나머지, 자신이 위험할 수도 있는 화재 현장에서도 그 장면을 트위터로 보내려 하는 것이겠지요?

내가 '지금 보는 것'을 거의 실시간으로 친구들과 '함께 보고' 싶어 하는 욕구는, 스마트폰과 소셜 네트워크가 없다면 생겨날 수 없었던 욕구예요.(이러한 점에서 욕구 역시 사회, 문화적 산물이지요.) 내가 보고 겪었던 일들에 대해 편지를 쓸 수도 있지만 그건 너무 시간이 많이 걸리는 일이에요. 사진을 찍어 두었다가 나중에 보여 주며 이야기할 수도 있었지만, 당장 내가 느낀 생생한 감정을 전하기는 어려웠지요. 언제, 어디서든 사진을 찍을 수 있게 해 준 스마트폰과 또 그렇게 찍은 사진을 친구들과 공유할 수 있게 해 준 소셜 네트워크 덕분에, 내가 본 것, 내가 체험한 것을, 그 흥분과 감동이 채 가라앉기 전에 다른 사람들과 함께 공유하고, 함께 좋아하거나 싫어하고, 이야기하는 것이 가능해졌지요.

그를 통해 친구들 사이의 소속감이나 친밀함이 생겨난다는 것은 참으로 놀라운 경험이에요. 스마트폰이나 소셜 네트워크가 없었다면 생겨날 수 없었을, 전혀 새로운 인간관계, 새로운 공동체가 가능해진 것이니까요.

1909년, 아방가르드 예술가였던 필립포 마리네티는 전보, 전화, 기차, 비행기, 영화, 신문 등의 매체가 사람들 사이에 '새로운 세계감정'을 낳는다고 말했어요.

이전에는 상상할 수 없던 속도로 인간을 다른 장소로 이동시켜 주는 자동차, 비행기, 기차가 글자 그대로 세계를 '줄어들게' 했고, 지구 반대편에서 일어나는 일들을 전해 주는 신문의 덕택으로 사람들의 관심이 세계 전체로 넓어졌기 때문이었죠. 그 이전 시기와 비교해 보면 20세기 초 새로이 발명된 교통과 통신수단이 가져다준 변화는 실로 엄청났어요. 사람들은 갑자기 서로 공간적으로, 또 심정적으로 매우 가까워졌다고 느꼈죠.

하지만 오늘날 인터넷, 스마트폰, 소셜 네트워크가 가져다준 새로운 세계감정에 비하면 그것은 초보적인 수준에 불과하죠. 우리는 이 매체들 덕분에, 지금, 내 곁에서 일어나는 사사로운 일들을 그 즉시, 지구 반대편에 있는 친구나 동료들에게까지도 생생하게 전달하고, 감정과 의견을 나눌 수 있으니까요.

20세기 초 마리네티가 말한 '세계감정'이 추상적인 글자와, 늘 하루나 이틀 정도 뒤늦게 도착하는 뉴스들로 이루어진 '활자적' 세계감정이었다면, 어떤 사건이 일어나는 즉시, 사진과 영상, 그리고 목소리로 함께 소통하는 오늘날의 세계감정은 생생히 살아 있는 멀티미디어적 세계감정이라 할 수 있어요.

인터넷, 스마트폰과 소셜 네트워크는 이처럼 새로운 공동체적 감성을 형성하게 할 수도 있다는 점에서 새롭습니다. 친구들과 '함께 볼 것을' 염두에 두고 세상을 보는 시각, 여기에는 이전의 문화에서는 없었던 새로운 태도가 있어요.

사람들과 함께 보고, 공감하고, 이야기를 나누려는 마음가짐으로 이 세상의 사물들을 본다면, 우리는 나 혼자의 편협한 생각이 아니라 친구들에게 공감을 얻을 수 있는 방식으로 보려고 하겠지요. 내가 신기하고, 아름답고, 멋지다고 생각한 장면들을 친구들과 공유할 때 우리는 내가 느끼는 주관적 감정과 판단이 나 혼자만의 것은 아님을, 친구들이, 사람들이 거기에 '좋아요'를 눌러 주고, 함께 느껴주리라는 어떤 믿음을 가지고 있는 것이지요. 그를 통해 함께 좋아하고 느끼는 공동체적 감성을 기대하는 것이지요.

스마트폰을 가진 한 사람 한 사람에 의해 만들어진 서로 다른 사진, 서로 다른 세상의 모습들이 공유되고, 이야기되면서 만들어지는 감성적 공동체는, 일방적으로 주어진 세상의 모습들에 의해 만들어지는 감성 공동체와는 분명히 다를 것입니다. 누군가에 의해 주어진 것이 아니라 내 눈으로 세상을 보고, 그렇게 본 세상의 모습을 공유하고 함께 이야기 나누면서 형성되는 공동체의 시선은, 그만큼 더 민주주의적인 성격을 띨 수도 있을 거예요.

하지만 스마트폰이 지닌 부정적 가능성 또한 잊어서는 안 돼요. 스마트폰은 우리가 보는 걸 다른 사람들과 '함께 보게' 해 주었지만, 또한 그것은 우리가 원하지 않는 우리 자신의 모습이 '보이게' 만들 수도 있으니까요.

예를 들어 우리는 화장실에 앉아 용변을 보는 모습을 다른 사람들에게 보이는 걸 원치 않아요. 부모님께 꾸중을 듣거나, 친구에게 상처받아 혼자 훌쩍거리는 모습도요. 자기 자신에게만 보이는 자신의 모습을 가질 수 있다는 것은, 우리가 한 인간으로서의 자아를 가지고 사람들과 사회적 관계를 맺는 출발점이에요. 그러기 위해 우리에게는 다른 누구도 아닌 오직 자기 자신만의 시선에만 노출된 공간이, 자기 자신과만 만나는 시간들이 필요합니다.

우리에게 그런 시간, 그런 장소가 없다면 어떻게 될까요? 우리의 모든 행동과 모습이 언제든지 누군가에게 보일 수 있다면? 그렇게 되면 우리는 자발성에 따라 생각하고 행동하는 것이 아니라, 다른 사람에게 보인다는 사실 때문에 스스로를 외적으로 규제하게 될 것이고, 결국 우리의 자율성을 상실하게 될 거예요.

조지 오웰이 쓴 소설 『1984』에는 모든 시민들이 '빅 브라더'라 불

어디서나 흔히 볼 수 있는 CCTV. 수많은 감시 카메라는 보이지 않을 권리를 훼손한다.

리는 국가의 권력자에 의해 감시받는 디스토피아가 등장해요. 모든 시민들의 집마다 설치된 모니터가 그들의 모든 말과 행동을 감시하지요(Big Brother is watching you!). 자신의 일거수일투족이 보이고, 감시되고 있는 상황은 시민들 스스로에게 내면화되어, 결국 대부분의 시민들은 자기 스스로 생각할 수 있는 능력까지 잃어버리지요. 이러한 점에서 다른 사람에게 '보이지 않을 권리', 내 삶의 모든 순간을 다 다른 사람들의 시선에 내보여 주지 않을 권리는 인간으로서의 존엄을 지키는 데 아주 중요한 권리예요.

모든 사람들이 스마트폰으로 사진을 찍고, 그를 공유할 수 있는 조건은 이 권리가 훼손될 수 있는 상황을 만들어 낼 수도 있어요. 모두가 카메라가 달린 스마트폰을 손에 들고 다니고, 또 그렇게 찍은 사진이나 동영상을 금방이라도 전 세계의 사람들과 공유할 수 있는 기술이 있다는 것은, 다른 한편으로는 그만큼 내가 모르는 사이에, 내가 원하지 않은 나의 모습이 언제라도 '공공화'될 수 있다는 것을 의미하니까요.

예를 들어, 유튜브는 유명한 학교를 졸업하거나 별다른 경력이 없는 사람이, 자신이 가진 능력과 기량만으로 순식간에 전 세계의 관심을 얻을 수 있게 해 주지요. 하지만 그 매체가 그 사람의 '보이지 않을 권리'를 훼손하는 데 활용된다면 그건 그 사람의 인생을 파괴할 수도 있어요. 앞에서 말했던 뉴욕 지하철 사진 기억나시죠? 그 사건이, 보기 위해, 보는 것의 욕구를 위해 마땅히 해야 할 행동을 하지 않았던 경우라면, 상대의 의사와는 무관하게 그의 사진이나 영상을 찍고, 그를 소셜 네트워크나 인터넷 등에 공개하는 행위는 시선의 욕구가 타인을 공격하는 경우에 해당될 거예요.

다른 사람의 존엄성을 훼손할 수 있는 사진이나 동영상을 공유하고 유포함으로써 생겨나는 공동체는, 위에서 말한 세상의 사물을 함께 보고 서로 공감함으로써 스스로 확장되는 공동체가 아닙니다. 그렇게 해서 생겨나는 건 마치 나치주의자들이, 유대인들의 머리를 깎

이고 발가벗겨, 목에는 전단을 걸고 거리를 걸어 다니게 하면서 유대인들을 적대시하는 유대감을 강화했던 것처럼, 사람들을 희생양으로 삼아 자라나는 공격적, 배타적인 폭력 집단에 다름 아니죠. 그렇게 모욕당하는 유대인들을 '함께 보며' 생겨난 이 도착적 유대감은 결국 유대인 수백만 명의 학살을 용인하는 것으로까지 이어졌다는 사실, 기억해야 하겠지요?

'본다는 것'은 이처럼 주변의 친구들, 길을 가다 마주치는 이웃과 시민들, 이 지구를 함께 살아가고 있는 다른 먼 곳의 사람들과의 관계 속에서 이루어진답니다. 본다는 것은 나의 눈의 생리적 작용에 불과한 것이 아니라, 윤리적 존재로서의 우리의 사회적 행위이기도 하다는 것이죠. 그저 '보는 것'이 아니라 사람들과 '함께', '잘' 보는 법을 생각해 보아야 할 이유가 여기에 있습니다.

무엇을,
어떻게 보고 싶나요?

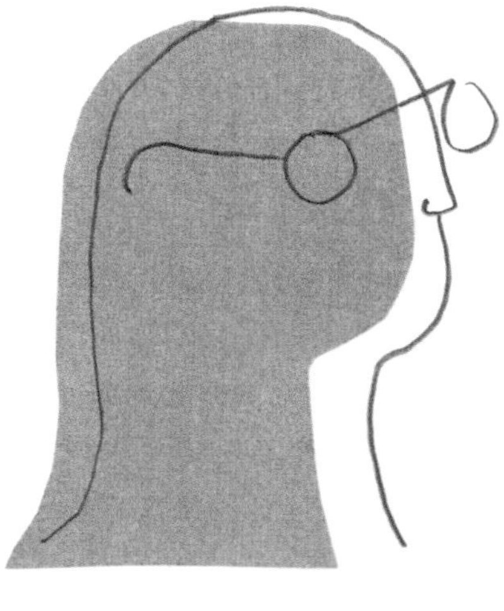

"본다는 건, 아주 쉽고, 간단하고 단순한 문제라고 생각했는데…… 후덜덜……."

이 책을 읽은 여러분이 이런 반응을 한다면, 사실 나로서는 기쁘겠습니다. 정말 본다는 건, 생각만큼 단순하지도, 그저 내 눈에서만 이루어지는 개인적인 것만도 아니기 때문이에요. 여러분의 주변을 당장이라도 한번 둘러보세요. 거기에는 물건들이 있을 것이고, 어쩌면 다른 사람들이나 여러분이 좋아하는 개나 고양이가 있을 수도 있겠지요. 그 물건과 사람, 동물을 향해 우리가 가장 먼저 하는 일이 바로 그들을 '보는' 거예요.

우리가 그것이 무엇인지 '알아볼 수' 있는 물건들이 거기 있다면 우리는 이제 내게 그것이 무엇인지 이전에 알려 주었던 사람들(부모님, 학교 선생님, 그리고 책 등)과 시간이 필요했다는 걸 생각할 수 있겠죠. 혹시 이 책을 읽고 있는 때가 밤이고 창밖의 하늘을 바라볼 수 있다면 하늘에 떠 있는 달을 한 번 '바라봐' 보세요. 저 달의 표면이 사실은 황량한 사막이나 구릉과 같다는 사실을 '알고 있는' 우리는, 우리 눈에 보이는 하얗게 은은한 빛을 발하는 손톱만 한 달의 모습을, 머릿속으로 알고 있는 모습과 비교하면서 즐길 수 있을 거예요.

내가 고개를 돌리면 꼬리를 치거나 내 무릎 위로 올라오는 고양이는 또 어떻고요. 사람처럼 대화를 나누지는 못하지만, 우리는 고양이의 귀, 등이 휜 정도, 그르렁거리는 표정을 보고 녀석의 기분이 어떤지 읽어 낼 수 있죠. 우린 그를 보고서 밥을 주거나, 머리를 긁어 주거나, 안고 얼굴을 비벼 대거나 하겠죠.

지금 여러분 주변에 누군가 다른 사람이 있나요? 고개를 들어 잠시 그를 흘낏 '훔쳐보는' 건 어때요? 놀랍게도 시선에 있는 어떤 묘한 힘이 아무리 그가 다른 곳에 열중해 있어도 우리의 시선을 느끼게 하지 않나요? 내가 잠시 눈을 들어 바라본 사람이 그 시선을 알아차리고 나를 쳐다보건, 내가 그의 시선에 미소로 응답을 하건, 아니면 화들짝 놀라 시선을 딴 데로 돌리건, 우리는 이미 본다는 것을 통해 그와 어떤 식으로든 함께 소통한 것이죠. 이 책에서 다루지 못했던 본다는 것의 중요한 의미 하나가 남아 있네요. 본다는 건 이미, 그것만으로도 소통하는 것이라는 사실이요.

발터 벤야민이라는 독일의 철학자는 우리 시선에는 그 시선에 응답받고자 하는 기대가 담겨 있다고 말했어요. 내가 좋아하는 어떤 사람의 경우만을 말하는 게 아니에요. 어렸을 때부터 가지고 놀던 장난감을 바라보니 그걸 가지고 놀던 때의 기억들이 떠올랐다면, 그 장난감은 우리의 시선에 응답해 우리 내면에 무엇인가를 불러낸 셈이니까요.

내가 바라본 대상으로부터 나의 시선이 받는 그런 응답을 벤야민은 '아우라'라고 불렀죠. 현대 사회에 들어오면서 그런 아우라를 경험하기가 힘들어졌어요. 바쁘게 생활하다 보니, 그것이 무엇이건 어떤 것을 차분하게 '바라보는' 일 자체가 드물어졌으니까요. 더구나 온갖 종류의 화려하고 자극적인 볼거리들이 우리의 시선을 어느 한 곳에 머무르지 못하게 하니까요.

본다는 것에 대한 지금까지의 이야기들을 생각하면서 이제 주위에 있는 사물이나 사람들을 조용하게, 넌지시, 그윽하게 한번 바라봐 보세요. 어때요, 본다는 것은, 참 멋진 일이 아닌가요?

생각이 찾아오는 학교 너머학교

생각교과서 너머학교 열린교실

생각한다는 것
고병권 선생님의 철학 이야기
고병권 지음 | 정문주 · 정지혜 그림

탐구한다는 것
남창훈 선생님의 과학 이야기
남창훈 지음 | 강전희 · 정지혜 그림

기록한다는 것
오항녕 선생님의 역사 이야기
오항녕 지음 | 김진화 그림

읽는다는 것
권용선 선생님의 책 읽기 이야기
권용선 지음 | 정지혜 그림

느낀다는 것
채운 선생님의 예술 이야기
채운 지음 | 정지혜 그림

믿는다는 것
이찬수 선생님의 종교 이야기
이찬수 지음 | 노석미 그림

논다는 것
오늘 놀아야 내일이 열린다!
이명석 글 · 그림

본다는 것
그저 보는 것이 아니라 함께 잘 보는 법
김남시 지음 | 강전희 그림

너머학교 고전교실

삼국유사, 끊어진 하늘길과 계란맨의 비밀

일연 원저 | 조현범 지음 | 김진화 그림

종의 기원, 모든 생물의 자유를 선언하다

찰스 다윈 원저 | 박성관 지음 | 강전희 그림

너는 네가 되어야 한다

고전이 건네는 말 1

프리드리히 니체 외 원저 | 수유너머R 지음 | 김진화 그림

나를 위해 공부하라

고전이 건네는 말 2

공자 외 원저 | 수유너머R 지음 | 김진화 그림

독서의 기술, 책을 꿰뚫어보고 부리고 통합하라

모티머 J 애들러 원저 | 허용우 지음

질문과 질문으로 이어지는 생각 익힘책

생각연습

생각의 근육을 키우는 질문 34

리자 하글룬트 글 | 서순승 옮김 | 강전희 그림

그림을 그린 **강전희** 선생님은
부산대학교에서 디자인을 공부했습니다. 애정 가진 곳이 아주 많아 여러 가지를 살펴보고 그림으로 그리느라 바쁜 그림 작가입니다. 지은 책으로는 『한이네 동네 이야기』 『한이네 동네 시장 이야기』 『어느 곰인형 이야기』가 있으며, 『울지 마, 별이 뜨잖니』 『춘악이』 『종의 기원』 『탐구한다는 것』 『편지 따라 역사 여행』 『나는 바람이다』 등에 그림을 그렸습니다.

■ 사진 제공: Wikimedia Commons, PBA galleries, Musée de l'Armé, strange science, Google Glass APPs
8쪽, 124쪽 그림 설명: 카미유 플라마리옹의 『대기: 대중을 위한 기상학』에 실린 목판화(부분)

본다는 것

2013년 12월 15일 제1판 1쇄 발행
2023년 3월 20일 제1판 5쇄 발행

지은이 김남시
그린이 강전희
펴낸이 김상미, 이재민

기획 고병권
편집 김세희
디자인기획 민진기디자인

종이 다올페이퍼
인쇄 청아문화사
제본 광신제책

펴낸곳 너머학교
주소 서울시 서대문구 증가로20길 3-12
전화 02)336-5131, 335-3366, 팩스 02)335-5848
등록번호 제313-2009-234호

ISBN 978-89-94407-21-0 44120
ISBN 978-89-94407-10-4 44100(세트)

너머북스와 너머학교는 좋은 서가와 학교를 꿈꾸는 출판사입니다.